목표가 있는 한 은퇴는 없다

평생 현역으로 살아가는 법

박창규 저

학지사

그간 베풀어주신 모든 은혜에

감사드립니다.

MCC(마스터코치) 박 창 규 드림

프롤로그 | 별빛을 따라, '길'과 '자리'를 거닐다

80을 훌쩍 넘긴 지금에서야 나는 깨닫는다. 삶은 끝없이 펼쳐진 길 위에서 배우고 성장하는 여정이라는 것을. 누구나 그 길을 걷고, 어떤 이는 서두르고, 어떤 이는 천천히 걸으며, 또 어떤 이는 문득 멈춰 선다. 그러다 한순간, 지나온 자국을 돌아보게 되는 때가 찾아온다. 나는 그 순간을 '자리'라고 부른다.

길이 앞으로 나아가게 하는 힘이라면, 자리는 멈추어 자신을 들여다보게 하는 지점이다. 길에서 배우고 자리에서 깨닫는 이 두 흐름이 조화를 이룰 때 삶은 비로소 깊어진다. 나 역시 이 두 흐름을 반복하며 여기까지 걸어왔다. 나이가 들수록 멈춤이 잦아지는 것은 관절의 조용한 투정 때문이기도 하지만, 그 멈춤이 내 삶을 더 깊게 만들어 주었다는 사실을 부정할 수는 없다.

어린 시절, 전쟁의 포화 속에서도 하늘의 별 하나는 꺼지지 않았다. 평상에 누워 할머니의 자장가를 들으며 바라보던 그 별은 조용히 속삭였다. '이 두려움 속에서도, 너는 무엇을 꿈꿀 수 있을까?' 작은 질문이었지만 그 울림은 평생을 이끌어 준 힘이 되었다. 가난과 상실 속에서도 내가 방향을 잃지 않았던 이유는 별이 늘 그 자리에 있었기 때문이다. 나는 고개를 들었고, 그 빛을 마음 깊이 담은 채 걸어왔다.

그렇게 앞만 보고 뛰어온 세월이 있었다. 전장에서, 조직에서, 책임의 무게 안에서 흔들리지 않으려 애쓰며 살아 낸 시절이었다. 그러나 어느 날 이유도 모른 채 걸음을 멈추게 되었다. 그 멈춤은 실패도 후퇴도 아니었다. 전환이었다. 멈추지 않았다면 듣지 못했을 내면 깊은 곳의 작은 속삭임. 나는 그 소리를 '광야의 소리'라고 불렀다. 그 소리는 화려하지 않았지만, 조용한 물결처럼 내 마음을 천천히 바꾸어 놓았다.

이 책은 그 부름을 따라 '가야 할 여정'과 '있어야 할 자리'라는 두 흐름으로 이루어져 있다. 외형상 다른 길처럼 보이지만, 사실은 하나의 순환을 이루며 서로를 완성한다. 걷는 동안 얻은 통찰은 멈춤 속에서 깊어지고, 멈춤 속에서의 깨달음은 다시 걸음을 이끈다. 삶은 직선이 아니라 원을 그리며 흐른다. 그 원 안에서 사람은 서서히 자신에게 닿아 간다.

첫 번째 여정은 '나는 이제 어디로 가야 하는가'라는 절실한 질문에서 시작되었다. 은퇴라는 큰 단절 이후, 나는 방향을 잃고 헤매며 낯선 공백과 마주했다. 그 혼란 속에서 잠시 멈추어 서자 오히려 지나온 길이 선명하게 보이기 시작했다. 유년기의 상처와 꿈, 군 생활에서 익힌 태도와 리더십, 사람들과의 관계 속에서 쌓여 온 인간다움, 그리고 평생 나를 지켜 준 상징적 기억들—그 모든 것이 이미 내 안에 쌓여 있던 자원이었음을 깨달았다.

그 자원을 품고 군이라는 익숙한 세계를 떠나 리더십, 코칭, 글쓰기라는 낯선 항해를 시작했을 때, 나는 단순히 직업을 바꾸는 것이 아니라 정체성이 다시 태어나는 길을 걷고 있었다. 방황은 조금씩 잦아들었고, 그 자리에 조용한 발견이 들어섰다.

두 번째 여정은 '지금 나는 어디에 있어야 하는가'라는 조용한 질문에서 시작되었다. 바깥의 길이 아니라 내면의 자리를 찾아가는 시간이었다. 셀프 코칭을 통해 스스로에게 질문을 던지고 그 질문에 귀 기울이면서 삶의 중심을 다시 정렬했다. 결국 나는 '지금 여기'라는 자리를 바라보며 존재 자체로 충분한 삶을 살아 내려는 시도에 닿았다. 성찰에서 현존으로 옮겨 가는 동안, 마음의 물결은 한층 더 잔잔해졌다.

돌아보면 나의 삶은 직선이 아니었다. 걷고, 멈추고, 돌아보고, 다시 걷는 원의 순환이었다. 그 반복 속에서 나는 조금씩 자신에게 가까워졌다. 어둠이 깊어도 별은 언제나 그 자리에 있었고, 눈을 감아도 그 빛은 내 가슴에서 사라지지 않았다. 혼란의 밤에도 별빛은 말없이 길을 가리켰고, 자리는 늘 나를 제자리로 돌려세웠다.

이 책이 당신의 삶에도 작은 이정표가 되어 주기를 바란다. 지금 당신은 어떤 길 위에 서 있는가. 혹은 잠시 멈춰 삶을 들여다보고 있는가. 어느 자리에서든, 그곳은 당신의 이야기가 새로 시작되는 자리이다.

* 본문 속 그림들은 내가 챗GPT와 함께 그린 작은 흔적들이다. 조금 서툴더라도, 여전히 배우고 성장하려는 청년 박창규의 마음으로 보아 주시면 고맙겠다.

첫 독자가 들려드리고 싶은 이야기

박창규 코치님과의 깊은 인연, 그리고 오랜 시간 책을 만들어 온 제 경험 덕분에 이 책을 누구보다 먼저, 그리고 깊이 여러 번 읽는 특별한 행운을 누렸습니다.

처음에는 누구보다 의미 있는 세월을 살아 내신 85세 박 코치님의 삶을 따라가며 읽었습니다. 군 장성으로 은퇴한 후 리더십 강사로, 다시 코칭 리더십으로 커리어를 전환하며 코치로서 살아오다, 80대를 넘어 수필가로 등단하고 지금도 매순간 깊은 울림을 주는 시간을 만들고 계신 박 코치님의 이야기는 감동이었습니다.

'아, 이렇게 살아오셨구나. 한 사람의 삶이 이렇게 자기 답게 멋지게 펼쳐질 수 있구나.' 감탄하며 페이지를 넘겼지요.

그런데 어느 순간부터 박창규 코치님 이야기 속에서 내가 불쑥불쑥 얼굴을 내밀기 시작했습니다. 이 책은 분명 박 코치님의 이야기이지만, 나의 과거, 나의 자원, 그리고 내가 펼쳐 나갈 나의 미래의 이야기로 다가왔습니다. 아마 이 책을 읽는 독자 여러분도 저처럼, 이 글을 통해 '자신'을 마주하게 될 겁니다. 그것도 아주 찐하게.

Chapter 1에서는 저자가 군을 떠난 뒤에도 전쟁의 악몽에 시달리는 이야기로 시작해, 완전히 새로운 나로 거듭나는 여정이 펼쳐집니다.

이 이야기를 읽는 동안, 저 역시 회사를 떠난 후 낯선 삶 앞에서 막막함을 느끼고, 자꾸만 작아지는 자신을 다독이던 그 시절의 나와 다시 만났습니다. 그 낯설고 혼란스러운 시간을 지나 새로운 길을 모색했던 내가 그곳에 있었습니다. 글을 읽으며 그 나에게 잘해 왔다고 토닥여 주었습니다. 오랜 조직 생활을 마친 독자라면 깊이 공감하고 위로 받을 것이고, 아직 그 경험이 없는 독자라면 언젠가 마주할 변곡점을 대비하는 용기를 얻게 될 것입니다.

Chapter 2는 6 · 25 전쟁을 겪었던 어린 박창규가 군인의 꿈을 한 발짝씩 키우며 성장해 가는 이야기입니다.

이 이야기를 따라가며, 저 역시 할머니 앞에서 온전한 존재였던 그때의 나, 고향 마당을 뛰어놀며 여기저기 깨지고 아물며 어른이 된 나, 수많은 상처와 좌절 속에서도 단단하게 자라 온 나를 만났습니다. 그리고 그곳에서 나도 모르게 품었던 나만의 별을 발견하게 되었습니다. 독자 여러분도 비록 지금은 희미해져 있을지라도 분명히 존재했던, 나를 움직이게 해 온 힘인 그 나의 별을 만나게 될 겁니다.

Chapter 3에서는 저자가 은퇴 이후 리더십 강사로, 그리고 대한민국 최초의 마스터풀 코치로 거듭나는 30년의 여정을 만납니다.

저자는 "삶은 익숙함이 사라지는 순간, 진짜 얼굴을 드러낸다."고 말합니다. 익숙했던 삶과 이별을 경험하는 사람에게 이 말처럼 용기가 되는 말이 있을까요? 저자는 끝이라고 여겼던 그곳에서 삶이 얼마나 새롭게 시작되고 펼쳐질 수 있는지를 온몸으로 보여 주며, 누구나 빛나는 삶을 살 수 있다고 도전하게 하고 그 도전에 대한 용기를 줍니다.

Chapter 4는 저자가 자신을 코칭한 '셀프 코칭' 이야기입니다.

사람은 누구나 성장하기 위해 코치가 필요하고, 셀프 코칭은 바로 자신이 자기 인생의 코치가 되는 것입니다. Chapter 4를 읽으며 아마도 나에게 끊임없이 질문을 던지며 내면 저 깊숙한 곳에 있는 진짜 나와 만나게 될 겁니다. 우리 안에는 누구나 원하는 삶을 만들어 내는 잠재력이 있습니다. 셀프 코칭은 그 잠재력을 스스로 발견하고 통합할 수 있게 한다는 걸 저자의 사례를 통해서 보여 주고 있습니다.

Chapter 5는 "나는 지금, 나의 삶을 스스로 이끌고 있는가?"라는 질문에서 출발하는 메시지입니다.

어쩌면 이 책 전체를 통해 저자가 하고 싶은 이야기가 이 마지막 Chapter에 집약되어 있는지도 모르겠습니다. 저자는 삶이 주는 크고 작은 파도 속에서도, '내가 운전대를 잡고 있는가'라는 질문을 놓지 말아야 한다고 말합니다. 상황이 우리를 흔들 수는 있지만, 방향을 결정하는 권한은 여전히 우리에게 있다는 것이지요.

그리고 각 Chapter의 끝에는 저자가 던지는 질문이 선물로 담겨 있습니다. 이 질문들은 당신의 내면을 깊숙이 두드릴 것입니다. 그 질문 하나하나에 마음을 열고 답해 나가다 보면, 나만의 별을 향해 묵묵히 걸어가고 있는 '진짜 나'를 만나게 될 것입니다.

이 책은 단순한 회고록이 아닙니다. 저자는 이 책을 통해서 목표가 있는 삶은 힘들지 않다는 이야기를 온몸으로 전하고 있습니다. 목표를 품고 살아갈 때 우리 모두 얼마나 반짝일 수 있는지, 그리고 그 목표를 어떻게 찾아 나가는지를 살아 낸 삶을 증거로 보여 줍니다. 이 책을 읽으며 독자들은 자신이 걸어온 길과 품고 있는 자신만의 자원을 다시 바라보게 되고, 앞으로의 여정을 더 빛나는 순간들로 만들게 될 것입니다.

권경숙(리더십코칭센터 대표, 『강팀장을 변화시킨 열 번의 코칭』 공저자)

추천사

2006년, 지나온 삶의 방식을 멈추고 후회되지 않는 삶을 살기로 정했던 해. '그 같이 살려면 우선 무엇을 배우면 될까?' 찾던 와중에 코칭을 발견하게 되었습니다. 코칭을 배우러 갔던 그해 5월 11일, 저자에게서 코칭을 배웠습니다.

코칭을 배우러 가서 저자를 만난 날로부터 20년 가까운 시간, '다른 생각과 방식을 환영하고 존중하는 모습' '하나의 생각이나 방식을 고집하지 않는 모습' '건강한 몸을 유지관리하고 정신을 맑게 하는 모습' '배움을 멈추지 않는 모습' …… 저자가 표현한 '청년 박창규'는 몸과 정신이 맑고 앞으로 나아가는 삶을 살고 있다는 의미로 해석하고 싶습니다.

앞으로 20년 이상, 인간을 위해 일하는 대체 불가한 전문가의 삶을 코치로서 이행하겠다는 목표를 가진 저에게 주저하지 않고 앞으로 나아가는 데에 저자의 모습에서 배웁니다. 혹시 '인간과 AI의 공존 시대에 인간인 나는 어떤 모습으로 존재할 것인가'라는 질문을 품고 계신가요. 저자가 변화 상황에서 생각, 방식을 전환하는 페이지에서 읽는 속도를 천천히…… 또는 머물러 독자 자신의 모습, 생각을 들어 보시길 권합니다.

권은경(MCC, 교육코치연구소 대표, 『코칭 핵심 역량』 공저자)

한 사람의 인생에서 가장 중요한 것은 누구를 만나느냐에 달려 있습니다. 그 여정 속에서 스승이자 롤 모델이 될 수 있는 분을 만난다는 것은 큰 축복이자 행운이라 할 수 있습니다. 이 책의 저자인 박창규 코치님은 저를 비롯한 수

많은 코치에게 그러한 존재이십니다.

박 코치님은 명석한 두뇌와 해박한 지식을 넘어, 삶의 지혜와 따뜻한 포용력으로 우리에게 깊은 울림을 주십니다. 진정한 스승을 만나기 어려운 이 시대에, 그분은 흔치 않은 귀한 길잡이이자 등불이 되어주십니다. 직접 만나 뵙지 못한 분이라도 이 책을 통해 인생의 전환점이 될 만한 귀한 통찰과 존재를 만날 수 있으리라 확신합니다. 저 역시 이 책을 읽으며 박창규 코치님을 더욱 깊이 이해하게 되었고, 그간 미처 깨닫지 못했던 소중한 통찰을 얻을 수 있었습니다. "코칭은 직업이 아니라 내 삶의 사명이다." "죽는 날까지 배움의 등불을 꺼뜨리지 않는다."는 그분의 말씀은 제 마음 속에 오래도록 메아리치며, 제 삶과 코칭의 길을 다시금 굳건히 다지게 합니다.

김병헌(KSC, PCC, 코칭경영원 파트너코치, 전 KB손해보험 대표이사 사장)

저는 지난 10년간 박창규 코치님의 헌신적인 지도와 가르침을 받아 온 코칭 제자입니다. 존경하는 코치님의 신작 『목표가 있는 한 은퇴는 없다』를 읽고 깊은 감명을 받아 기쁜 마음으로 이 추천사를 씁니다.

이 책은 단순한 수필집을 넘어, 삶의 여정에서 마주하는 중요한 질문들에 대한 깊이 있는 성찰을 담고 있습니다. 저자는 특유의 진솔함과 통찰력으로 자기 발견, 역경 극복, 지속적인 성장, 의미 있는 관계, 진정한 삶 등을 이야기하며, 코치인 저에게 깊은 울림을 주셨습니다.

첫째, 코치님은 끊임없이 변화하고 도전하는 분이십니다. 군 장성으로 오랫동안 국가에 헌신하신 후에도 안주하지 않으시고, 리더십 코치, 작가, 교수 등 다양한 분야에서 새로운 길을 개척해 오셨습니다. 이러한 끊임없는 열정과 도전 정신은 제게 큰 귀감이 되었습니다.

둘째, 코치님은 사람에 대한 깊은 이해와 공감 능력을 지니고 계십니다. 타인의 이야기에 귀 기울이시고, 그들의 잠재력을 끌어내는 데 탁월한 능력을 보이십니다. 코치님의 코칭을 통해 저는 제 안에 숨겨진 가능성을 발견하고, 한 단계 더 성장할 수 있었습니다.

셋째, 코치님은 삶의 의미와 가치를 탐구하는 데 끊임없이 정진하시는 분이십니다. 동서양 철학, 심리학, 예술 등 다양한 분야에 대한 깊이 있는 지식을 바탕으로, 삶의 본질과 인간의 성장에 대한 통찰력을 제시해 주십니다. 코치님의 코칭을 받고 제 삶의 방향을 설정하고, 가치관을 확립하는 데 큰 도움을 받았습니다.

넷째, 코치님은 제가 어려운 시기를 겪을 때마다 진심으로 저를 지지하고 격려해 주셨습니다. 때로는 따뜻한 위로로, 때로는 날카로운 조언으로 저를 일깨워 주셨습니다. 코치님의 격려와 지지 덕분에 저는 좌절하지 않고, 다시 일어설 수 있었습니다.

존경하는 박창규 코치님은 끊임없이 배우고 성장하며, 타인의 삶에 긍정적인 영향을 미치고자 노력하는 마스터 코치입니다. 진심으로 존경하는 마음을 담아 『목표가 있는 한 은퇴는 없다』라는 이 책을 추천합니다.

제자 김정옥

사람들이 당신을, 당신의 이름을 머릿속에 떠올린다면, 어떤 단어들이 생각날까요? 박창규 코치님을 떠올리면, 제게는 여러 단어와 이미지, 장면이 나타났다가 사라집니다. 마치, 시간과 공간 XYZ 축으로 계속해서 뻗어서 확장되는 어떤 Space와 같습니다.

하하하 웃음소리, 눈웃음 가득한 얼굴, 완벽한 최초이자 머물지 않고 나아가는 최고 갱신, 따뜻한 목소리, 또 호통치는 목소리, 코칭에 대한 자부심, 코치로서의 귀한 소명, 그래서 엄격함, 모르는 것을 모른다고 하시는 겸손함, 솔직함, 또렷한 분명한 개념, 부드럽지만 강함, 새로운 아이디어, 깊이 파고듦, 통합, 정렬, 확장과 응용, 끊임없는 배움에 대한 열정, 끊임없이 배우고, 살펴보고, 훈련하는 탐구, 또렷한 목소리, 부드러움, 강함, 새롭게 솟아나는 아이디어, 통합과 정렬, 너무나 쉽게 설명하는 고수, 순수함, 호기심 가득한 눈빛, 고객의 단어 하나도 놓치지 않는 집중력, 거룩한 욕심 등 박창규 코치님을 처음 만난 것은, '코칭 MBA' 라는 ICF 핵심 코칭 역량 중심으로 매월 학습하는 코치 양성 프로그램을 통해서입니다.

2013년 가을부터 2024년 여름까지, 무려 12년 동안 진행되었는데 저는 종료되기 마지막인 2022년부터 지금까지 코치로, 학생으로, 멘티로서 짧지만 굵은 인연으로 연결되어 있습니다. 기꺼이 자유롭게 빨리 달리기도, 천천히 걷기도, 또 잠시 멈추거나 머물거나, 그저 바라보거나…….

그 어떤 상태에서도 Welcome, Yes를 선택하시는 멘토이며, 스승이신 박창규 코치님을 단지 이 책에 쓰인 몇 줄로 소개해 드릴 수는 없지만, 한 사람의 과거의 시간 속에서~ 경험이라는 이야기 속에서~ 우리 모두 각자의 마음 안에 있는 가장 지혜로운 내면의 현자를 깨우는 마법 지팡이, 마중물이 되리라 생각됩니다. 이 책을 읽는 내내 '나'라는 존재가 누구인지, 다시 발견하고 기억하세요.

남미경(삼성전자 인재개발원 리더십 사내 교수)

저에게 박창규 코치님은 스승이자 닮고 싶은 삶의 모델입니다.

그래서 이분의 삶은 어떠했는지, 어떤 과정을 통해 청년보다 뜨거운 열정으로 배움과 성찰을 더해 가시는지 늘 궁금했습니다.

이 책을 통해 어린 시절 평상에서 할머니의 자장가를 통해 당신이 또 하나의 별이었음을 깨닫게 된 일, 6 · 25 전쟁의 참상을 경험하며 장군이 되기로 결심한 일, 청년 시절 선택한 것을 이루기 위해 노력하며 지휘관으로서 성장하며 공감의 리더로서 살아오셨던 진중한 여정을 접할 수 있었습니다. 큰 나무 같은 코치님도 여린 삶이 있었고, 그 속에서 내면의 축적이 있었구나…… 어려움 속에서도 당신의 별을 향해 전진하신 것이구나…… 인간적이기도 한 순간순간들이 울림을 주었습니다.

매 순간 새롭게 선택함으로써 삶의 의미를 새롭게 하신 일 중 전역 후 코치로서 단련해 오신 길은 코치인 저에게 더 크게 다가왔습니다. 정해진 길이 아니라 스스로 방향을 정하고 진정한 나로서 존재하는 것에 초점 맞추어져 있기 때문입니다. '진정한 나'의 시간을 가라고 역시 코치들에게 존재와 결단을 촉구하게 하십니다. 젊은 날의 성공은 이미 끝난 일이 아니라, 앞으로 진정한 나를 향한 성장이 기다리고 있음을 깨닫게 하시면서요.

극단까지 밀어붙인 존재 탐구의 질문은 놀랍습니다. 내면의 나침반이 향하는 곳, 삶의 광야의 별, 광야는 모든 것이 깨어나는 공간이며 코치님은 광야의 소리로서 별이 말을 걸고 그것에 응답하는 영혼의 소리라고 깨닫습니다. 어둠 속에서도 빛나는 별로서의 존재이자 그것에 응답하는 소리로서의 존재. 그런 존재로서 건너감의 여정을 기꺼이 받아들이고 성장하며 지나왔노라고 보여주십니다. 얼마나 치열하게 묵상하면 이런 알아차림을 얻을 수 있는 것인지요.

우리도 별이라고, 생생한 비전을 꿈꾸라고 말씀하신 것처럼 성취보다 더 중요한 나라는 존재로서 인생을 주도적으로 살고 진정한 리더십을 발휘하는 삶을 살아야겠습니다. 코치님께서 보여 주신 물처럼 부드러우나 바위도 뚫는 리더십의 힘, 불꽃 같은 배움의 열정을 본받아서 말입니다.

"나는 지금, 나의 삶을 스스로 이끌고 있는가?"

박현혜(KCN 회장, 코칭경영원 파트너코치)

코치는 언어를 매개로 고객과 코칭 대화를 합니다. 그 과정에 고객은 세계를 인식하고 해석하며 의식의 전환으로 새로운 것을 구상하고 창조합니다. 코치는 고객이 한 말을 경청하며, 사실은 무엇이며, 느낌과 감정, 생각과 욕구, 의도와 의미를 질문하며 알아차림을 돕습니다. 그 순환과 전환의 여정에서 저는 박창규 코치를 만났습니다.

우리 속담에 '10년이면 강산이 변한다.'라는 말처럼, 오랜 기간 동안 박창규 코치와의 만남을 통해 코치, 교수, 칼럼니스트로서 통찰을 얻고 철학박사가 되었습니다. 스스로 멈추어 성찰하게 하고, 알아차림으로 새로운 행동을 선택하여 나를 움직이게 하는 코칭을 통해 나는 내 인생에 코치가 되었습니다.

개인과 조직이 존재 목적을 발현하고 실현하도록 돕는 Inspiration Creator의 정체성을 거룩하게 바라봅니다. 정직하고 진실하게 정진할 수 있도록 곁에서 멘토 코치가 되어준 박창규 코치와의 인연은 참 고맙고 감사합니다.

독자들보다 먼저 이 책을 읽는 내내 기쁘고 행복했습니다. 박창규 코치의 삶이 담긴 솔직한 글은 재미있고 흥미로우며 가슴 뭉클하여 흠뻑 빠져들어 읽었습니다. 각 Chapter에서 던진 질문은 의식의 문고리 역할로, 의식의 문을 활짝 열고 관점을 전환하여 새로운 행동을 결단하게 합니다.

새로운 마음으로 자기 삶을 살고 싶거나, 코치로서의 삶을 깊게 누리고자 하는 분에게 박창규 코치의 지혜를 담아낸 삶의 여정을 일독하기를 권합니다. 감동과 감탄, 희망의 연속입니다.

溫光 박혜숙 COACH

책장을 덮으면서 저자가 진심으로 남기고 싶어한 '태도, 살아온 방식'에 대한 깊은 여운이 잔잔한 울림으로 다가옵니다. 6 · 25를 겪은 10대 소년이 살아 낸 30년의 군 생활, 그리고 이후 30년의 리더십 코칭. 코치로서 살아오며 행동으로 보여 주신 삶의 방식과 태도일 것입니다. 저자는 끊임없이 삶의 문장을 고쳐 쓰기를 멈추지 않았다고 말씀하십니다.

2005년 1월 코칭 강의를 듣는 것으로 저자를 처음 만났습니다. 이후 지금까지 그분은 내 마음 속에 그리고 수많은 코치에게 스승으로서 모델로서 생생하게 살아 숨 쉬고 계십니다. 향상을 원한다면 바른 사람에게 의지하고 자신을 바르게 세우고 바른길을 가는 것이라고 했습니다. 이 책의 저자이신 박창규 교수님, 코치님이 저에게 그런 분입니다.

저자께서 생생한 울림과 함께 뚜렷하게 보여 주고 들려주셨던 한 마디를 가슴 깊이 간직하고 있습니다. “잠재 역량을 충분히 끌어올려 자기답게 살 수 있도록 하는 것이 코칭이다.”라고 하셨던 말씀입니다. 삶에서 그리고 일에서 의미를 찾지 못하고 좌충우돌하던 저에게 저자의 한 마디는 큰 충격이었고 이후 코치로서의 삶의 방향을 전환하는 데 방향키가 되어 주었습니다.

저자께서 예상치 못한 조기 은퇴 후 방황에서 새로운 방향으로 전환 그리고 삶을 대하는 태도와 삶의 방식 전체를 통해서 보여 주시는 핵심, 발원, 목표, 행동의 한 방향 정렬된 모습은 지금까지 수많은 후배 코치들에게 보여 주신 삶에서의 모습 그 자체임에 틀림없습니다. 이제 저도 저에게 질문할 수 있게 되었습니다. “삶이 끝날 때 내가 가장 자랑스러워할 모습은 무엇이지?” 그리고 비로소 행동으로 발원할 수 있게 되었습니다. 지난 20여 년 동안 저자를 모델로, 스승으로 삼고 의지해 온 것은 홍복임에 틀림없습니다.

저자는 “누구나 각자의 가슴에 하나의 별을 품고 살아간다.”고 그것은 꿈이고 신념이고 기준이고 나침반이라고 말씀하십니다. “삶은 흔들림의 연속이다. 삶의 중심을 잃지 않으려면 진정으로 원하는 삶의 방향을 설정하고 그 길을 묵묵히 걸어가는 것이다.”라고 말씀하십니다. 그리고 저자는 그 모습을 실천으로 삶의 방식으로 보여 주셨습니다. 그 과정을 서술한 책입니다. 저자는 자신이 보여 주었던 삶의 방식, 태도 그대로 지금도 우리에게 묻고 계시는 듯합니다. "당신은 자신의 삶의 운전대를 잡고 있는가? 죽음을 맞이할 때 어떤 사람이 되어 있기를 발원하는가?"라고요.

석진오(MCC, 전문 코치)

『목표가 있는 한 은퇴는 없다』는 박창규 코치님의 인생 여정을 담담하고도 깊이 있게 그려 낸 흥미 있고 감동적인 자서전입니다. 평소 박 코치님으로부터 말씀으로만 어렴풋이 들었던 이야기를 우리 모두를 위로하는 듯한 따듯하고 섬세한 글로 읽으니 고된 인생길을 달려와 마주하는 나의 이야기인 것처럼 울컥하며 큰 울림과 영감을 받았습니다.

이 책은 단순한 회고록을 넘어 삶의 '가야 할 여정'과 '있어야 할 자리'라는 두 축을 통해, 끊임없이 변화하는 인생 속에서 스스로를 발견하고 진정한 자신으로 살아가는 법을 성찰하게 합니다. 이 책의 큰 미덕은 군인으로서의 엄격한 삶과 은퇴 후 코치로서의 부드러운 성찰이 교차하며, 삶의 깊이가 원처럼 순환되어 완성된다는 점을 보여 준다는 데 있습니다. 또한 삶의 끝에서 '나는 나였다. 그리고 충분했다.'라는 진솔한 고백은 저에게 큰 위로가 되었으며 자신의 길을 가는 우리 모두에게 위로와 격려가 될 것입니다.

박 코치님의 이야기는 특히 은퇴 후 새로운 시작을 꿈꾸거나, 삶의 방향을 잃은 이들에게 큰 희망과 용기를 제공할 것입니다.

이 책이 독자 한 사람 한 사람의 삶 속에 깊은 울림을 남기고, 삶의 원을 완성해 가는 그 여정에 진심 어린 동반자가 될 거라 믿으며 일독을 추천드립니다. 또한 코칭의 스승을 넘어 인생의 멘토로 이 책을 통해 큰 울림과 위로를 주신 박창규 코치님께 진심 감사 말씀드립니다.

유성희(코칭경영원 파트너코치, 국민대 코칭과 리더십 겸임교수)

2019년 코칭 MBA에 입과하여 박창규 교수님을 처음 뵌 것은 경영자 코치가 되고자 결심했던 저에게는 큰 행운이었습니다. 코치로서 확고한 목적 의식, 동서양 철학의 융합을 기반으로 한 깊이 있는 가르침, 촌철살인의 피드백 등은 큰 울림을 주었고, '거인의 어깨'처럼 저의 시야를 넓혀 주었습니다.

평생 군인으로서 국가를 위해 헌신하고 대한민국 MCC 1호 코치로서 척박했던 한국 코칭 산업의 부흥에 크게 기여하신 저자의 삶은 리더의 표본이자, 코치의 롤 모델입니다. 지금도 영성과 글쓰기 등을 배우시고 작가로 등단까지 하는 열정적인 모습은 모든 이에게 귀감이 됩니다.

이 책은 앞으로 나아가는 '길'과 멈춰 서서 자신을 돌아보는 '자리'의 조화를 통해 진정한 성장을 이룰 수 있다는 깊은 통찰을 담고 있습니다. 각 Chapter에 담긴 성찰 질문들은 독자 스스로 자신을 돌아보고 새로운 여정을 열어 가게 해 주는 귀한 선물과도 같습니다. 단순한 회고록을 넘어, 자기 삶의 '별'을 찾아가게 해 주는 이 책은 코치의 길을 걷고자 하는 분들에게 나침반이 되고 인생의 전환기를 맞이한 분들에게 희망과 용기를 주는 최고의 인생 지침서가 될 것입니다.

윤동준(코칭경영원 파트너코치, 전 포스코에너지 사장)

존경하는 박창규 코치님! 사랑하는 박창규 스승님!

이 책을 읽으며 살아오신 인생을 옆에서 보고 느끼며 여러 순간 멈추어 생각해 보는 시간을 가질 수 있었습니다. 코칭 자격증을 따기 위한 강의에서 처음 뵈었을 때 군인이셨는데 코칭을 하신다는 것이 특이해 보였습니다. 한국의 첫 번째 MCC 보유자시라는 점만으로도 대단하시다고 생각했습니다. 더 나은 코치가 되기 위해 교육을 받으며 코치님의 크고, 깊고, 더없이 정확한 가르침에 깊은 존경심을 갖게 되었습니다. 그 가르침은 코칭에 대한 전문적인 내용을 넘어 한국의 많은 코치들이 자만하거나 정체되어서는 안 된다는 깊은 사랑에서 비롯됨을 느끼며 스승님에 대한 존경을 넘어 감히 사랑하는 마음을 갖게 되었습니다.

삶으로 보여 주신 책임, 헌신, 배움 가운데 사람들과 그들의 삶에 대한 애정이 많으시다는 것을 느꼈습니다. 어떻게 저 연세에 저렇게 활동하시고 저렇게 끊임없이 배우실 수 있을까 했었는데 이 책을 읽으며 스승님의 진짜 매력은 그렇게 바쁘신 가운데도 늘 멈추어 스스로 질문하시며 나만의 길을 만들어 나가시는 데 있었다는 것을 알았습니다. 제가 배우고 닮고 싶은 점입니다.

산골 마을 작은 소년이 품었던 별은 스승님 한 분의 인생을 이끈 별이 아니라 수많은 후배의 코치로서의 삶을 이끄는 별이 되었습니다! 스승님의 별이 한국 코칭의 미래가 되어 더 빛나는 별이 되도록 가르쳐 주신 대로 열심히 빛나게 살겠습니다!

존경과 사랑을 담아, 윤여순 코칭경영원 파트너코치

이 글을 쓰려니 마음이 먹먹했습니다. 교수님은 제게 멘토이자 스승이었고, 어떤 순간에는 아버지처럼 든든하게 느껴지기도 했습니다. 은퇴 후 다시 코치의 길을 선택하신 교수님의 이야기를 읽으며, 나이가 아니라 마음이 방향을 바꾸는 순간이 삶의 전환이라는 것을 조용히 깨닫게 되었습니다.

책을 읽는 동안 저는 여러 번 멈추어 섰습니다. 각 Chapter의 끝에 놓인 교수님의 질문들이 저에게 말을 걸어오듯 다가와 그동안 미뤄 두었던 제 마음의 소리에 귀 기울이게 했기 때문입니다. 돌이켜 보면, 교수님 곁에서 배웠던 시간은 코치로서의 성장보다 먼저 '사람으로서 어떻게 살아갈 것인가'를 배우는 시간이었습니다.

교수님이 만들어오신 과정과 철학이 더 많은 이들에게 닿기를 바라는 마음으로 저 역시 자연스럽게 그 길을 함께하고 싶었습니다. 이 책은 교수님의 인생을 따라가는 기록이면서, 읽는 사람에게는 자기 삶을 천천히 들여다보게 하는 조용한 거울 같은 책입니다.

저는 이 책을 통해 많은 분이 자신의 길을 다시 바라보는 시간을 갖게 되기를 바랍니다. 그리고 그 여정에서 교수님의 따뜻한 시선과 질문을 자신의 삶에도 작은 등불처럼 가져가실 수 있기를 바랍니다.

교수님, 오랜 시간 삶으로 보여 주신 진심에 깊은 감사의 마음을 전합니다. 존경하고 사랑합니다.

제자 이현주(리더십코칭센터 파트너코치)

차례

Part
1

가야 할 여정
Ultimate Identity

Chapter 1

이제 어디로 가야 하지?

길을 잃은 그 자리에서

삶은 방향이다. 어디를 향해 걸어가느냐에 따라, 우리는 다른 사람이 된다. 나는 30년 넘게 군과 리더십 현장에서 목표와 질서 속에 살아왔다. 그러나 전역 이후, 처음으로 멈춰 섰다. 익숙한 역할을 벗어난 순간, 나는 방향 없이 낯선 풍경 앞에 서 있었다.

과거는 짐이 되었고, 미래는 희미했다. 더 이상 누구의 기대도 없었지만, 오히려 그 자유가 혼란스러웠다. "이제 어디로 가야 하는가?" 그 물음이 머릿속을 떠나지 않았다. 그 질문은 불안을 안겼지만, 동시에 내 안의 감각을 깨웠다.

이 글은 그 질문 앞에 선 여정의 기록이다. 전장의 잔상과 마주하고, 바기오의 밤하늘에서 별빛을 올려다보고 죽은 전우와 조용히 작별하고, 낯선 이국 땅에서 말없는 현자들을 만났다. 그리고 되돌아온 자리에서, 나는 다시 묻는다. 나는 지금 어떤 삶을 살아가고 있는가?

이 여정은 혼란을 피하는 길이 아니다. 혼란과 두려움을 정직하게 껴안고 걸어온 길이다. 결국 내가 만난 것은 정답이 아니라, 나 자신이었다.

지금 당신은 어떤 방향으로 걷고 있는가? 만약 길을 잃었다면, 그 자리가 새로운 여정의 시작일 수 있다.

이 글이, 당신의 길 위에 놓인 작은 등불이 되기를 바란다.

비상이다! 비상!

심장을 울리는 사이렌 소리

갑자기 하늘이 까맣게 물들었다. 조용했던 밤, 별빛이 반짝이던 하늘은 순식간에 어둠에 삼켜졌다. 아무런 징후도 없었다. 아니, 어쩌면 내가 미처 알아채지 못한 신호가 있었는지도 모른다. 그 순간, 적기들이 어둠 속에서 무리를 지어 DMZ를 넘어 수도권으로 돌진했다. 사이렌이 귀를 찢듯 울려 퍼졌다. 아니, 그건 내 심장이 내는 소리였다. 몸 속 깊은 곳에서 쿵쿵 울리는 두근거림이 마치 경고음처럼 들려왔다.

벌떡 일어나 거칠게 숨을 몰아쉬며 문을 열고 뛰쳐나갔다. 차가운 새벽 공기가 얼굴을 때렸지만, 그것조차 느낄 겨를이 없었다.

"나 사령관이다! 전투 준비! 전투 준비!"

절박한 외침이 밤공기를 갈랐다. 현실과 환상이 겹치는 순간이었다. 침대에 앉아 있던 아내가 놀란 눈빛으로 나를 바라봤다. 그녀의 시선이 나를 붙잡았지만, 나는 그 시선을 오래 마주할 수 없었다. 이게 꿈인가? 아니면 현실인가? 온몸이 식은땀으로 흠뻑 젖어 있었다. 숨을 들이마셔도 가슴은 조여들었다. 전역한 지 6개월이 지났건만, 나는 아직도 사령관이었다.

떠나지 않는 전장의 잔상

거실로 나와 담배에 불을 붙였다. 손끝이 살짝 떨렸고, 연기를 깊게 들이마셨다. 연기 너머로 보이는 새벽하늘은 거짓말처럼 평온했다. 방금 전까지 적기로 가득했던 하늘이 아무 일 없던 것처럼 고요했다. 별들은 제자리를 지키고 있었고, 달빛은 부드러웠다. 그러나 그 평온함이 오히려 불안했다. 마치 하늘이 조용히 속삭이는 것 같았다. "이제 끝났다. 그만 놓아라." 하지만 나는 놓을 수 없었다.

전장의 기억은 여전히 내 안에 선명했다. 적진을 향해 돌진하던 순간, 전우들과 나눴던 무언의 신뢰, 무전기 너머로 들려오던 절박한 외침, 승리의 환희와 패배의 절망. 그 모든 순간이 내 안에서 살아 있었다. 그 기억 속에서 나는 존재했고, 나를 정의해 왔다. 하지만 이제는 그곳에 있을 수 없다는 것만은 분명했다.

낯선 자유와 정체성의 공백

전투를 준비하지 않아도 되는 삶이 시작되었다. 나를 찾는 사람도, 지휘할 병사도 없었다. 시간은 무의미하게 흘렀고, 누구도 내가 언제 일어나고 잠드는지 관심 갖지 않았다. 자유는 달콤할 줄 알았지만, 오히려 무거웠다. 나는 어디로 가야 할지 알 수 없었다. 침실로 돌아가 이불을 덮었지만 잠은 오지 않았다. 머릿속은 복잡했고, 가슴은 막막했다. 친구들과 한 골프 약속도 무의미하게 느껴졌다.

결국 새벽에 일어나 조용히 짐을 챙겼다. 아내는 의아한 표정으로 물었다. "왜 이렇게 일찍 나가요?" "잠이 안 와서 일찍 가서 연습 좀 하려고." 내 대답은 공허했다. 골프백을 둘러메고 현관을 나섰고, 아내는 말없이 차까지 따라 나왔다. 차창을 내리고 그녀를 바라봤다. 그 눈빛에는 많은 말이 담겨 있었지만, 끝내 아무 말도 하지 않았다. 나 역시 시선을 피했다.

나는 어디로 가고 있는 걸까

차를 몰며 생각에 잠겼다. 창밖으로는 도로가 끝없이 이어졌지만, 나는 목적지를 알 수 없었다. 마치 인생의 갈림길에서 방향을 잃은 것 같았다. 차는 앞으로 나아가고 있었지만, 내 마음은 정지되어 있었다. '나는 어디로 가고 있는 걸까? 무엇을 해야 하지?' 전역 후에도 길은 자연스레 열릴 것이라 믿었다. 하지만 현실은 달랐다.

사회는 여전히 바쁘게 돌아가고 있었지만, 나는 그 안에서 내 자리를 찾지 못했다. 익숙했던 세계는 사라졌고, 새로운 환경은 낯설었다. 군복을 벗는 순간, 나는 더 이상 내가 누구인지 설명할 수 없게 되었다. 과거의 영광과 책임은 이제 나를 지탱해 주지 않았다. 나는 혼자가 되었고, 새로운 삶을 시작해야 한다는 부담감이 마음을 짓눌렀다.

안에서 밀어 올리는 작은 기운

골프장에 도착했지만, 모든 것이 낯설게 느껴졌다. 골프 코스는 여전히 단정했지만, 그 위를 걷는 나는 예전의 내가 아니었다. 클럽을 쥐었지만, 손끝엔 감각이 없었고, 스윙은 기억을 따라갔을 뿐 마음은 따라오지 않았다. 몸은 기계처럼 움직였고, 공은 생각지 못한 방향으로 흩어졌다.

한때 싱글 챔피언이었던 내가, 퍼팅조차 제대로 되지 않는 자신을 바라보며 문득 멈춰 섰다. '정말 내가 원하는 삶을 위해, 이제 무엇을 해야 하지?' 그 물음이 조용히, 그러나 분명하게 마음속에 스며들었다.

겉으로는 아무 일도 없는 듯했지만, 나는 느낄 수 있었다. 내 안에서는 무언가가 서서히 무너지고 있었다. 그러나 그것은 절망이 아니라, 다시 일어나야 한다는 신호처럼 다가왔다.

함께 라운딩하던 친구들은 내 안에서 일어나는 변화를 눈치챘지만, 아무 말도 하지 않았다. 그저 한 친구가 조용히 말했다. "조금 쉬어가라." 짧고 담담한 말이었지만, 그 말은 내 어깨를 가볍게 두드리듯 다가왔다. 그날 내게 가장 필요한 위로였고, 동시에 마음 깊은 곳을 살며시 흔드는 은근한 자극이었다. 마치 등 뒤에서 불어오는 조용한 바람처럼, 나를 가볍게 앞으로 밀어내는 힘이 느껴졌다. 나는 그제야 고개를 돌려 내 안을 들여다보게 되었다.

무너지던 중심 아래에서 무언가가 조용히 다시 살아나고 있었다. 아직 이름 붙일 수 없는 감각이었지만, 분명히 말할 수 있는 것은 그것이 나를 다시 삶 쪽으로 밀어 올리는 작은 기운이었다.

군인의 삶은 이제 끝났다

집으로 돌아오던 길, 나는 갑작스레 차를 한적한 갓길에 세웠다. 문을 열고 내리니 저녁 바람이 얼굴을 스쳤고, 붉게 물든 석양이 하늘을 가득 채운 채 천천히 하루를 마감하고 있었다. 나는 무심히 하늘을 올려다보다가, 어느새 그 자리에서 멈춰 서게 되었고, 말없이 불타는 하늘을 바라보는 동안 마음속 깊은 곳에서 하나의 문장이 조용히 떠올랐다. "군인의 삶은 이제 끝났다."

그 문장은 오랜 세월 내 정체성이었던 무언가가 더 이상 나를 붙잡고 있지 않다는, 그러나 그리움과 후회가 아닌 담담한 인식의 형태로 다가왔다. 작전과 훈련, 전우와의 우정, 사령관으로서의 책임과 결단으로 채워졌던 수십 년의 시간은 이제 내 어깨를 짓누르는 무게가 아니라 조용히 내려놓아야 할 이름이 되었고, 나는 더 이상 그 자리에 머물러 있을 필요가 없다는 사실을 받아들이게 되었다.

비록 앞으로 무엇을 해야 할지 선명하지 않았고, 내가 누구로 다시 시작할 수 있을지는 여전히 알 수 없었지만, 적어도 한 가지는 분명했다. 나는 지금 멈추는 것이 아니라, 다시 시작해야 한다는 사실, 그리고 그 시작을 받아들일 수 있을 만큼 내 마음이 준비되고 있다는 것이었다. 나는 하늘을 향해 속삭이듯 중얼거렸다. "이제는 새롭게 나아갈 때이다." 그 말은 누구에게 들려주기 위한 외침이 아니라, 상실감의 끝에서 나 자신에게 조용히 건네는 약속이었고, 스스로 다시 살아가겠다는 다짐의 언어였다.

차에 올라 다시 집으로 향하는 동안 나는 아무 말없이 운전대를 잡고 있었고, 그 짧은 시간 동안 손에 쥐어진 감정은 설명할 수 없을 만큼 묵직하면서도 단단했다. 귀가할 무렵, 문득 주먹에 힘이 들어가 있는 것을 느꼈고, 그 힘은 떠나는 이의 경례가 아니라, 돌아오는 이의 다짐으로 내게 남아 있었다.

당신에게 던지는 코칭 질문

당신의 삶에서 '비상'이 울렸던 순간은 언제였나요?

그림 | 박창규 · ChatGPT

"나 사령관이다! 전투 준비! 전투 준비!"

절박한 외침이 밤공기를 갈랐다.
현실과 환상이 겹치는 순간이었다.
침대에 앉아 있던 아내가
놀란 눈빛으로 나를 바라봤다.

안개 속 전우들이 건넨 마지막 인사

짙은 안개 속, 누군가 다가오다

악몽은 끊이지 않았다. 전역한 지 반년이 지났지만, 나는 여전히 전장의 한가운데에 갇혀 있었다. 밤이 되면 어김없이 그 꿈이 시작됐다. 어둠이 깔린 하늘 아래, 사이렌이 울렸고, 적기들이 수도권을 향해 돌진했다. 나는 본능처럼 외쳤다.

"나 사령관이다! 전투 준비하라!"

그러나 이번 꿈은 달랐다. 전장엔 아무런 소리도 없었다. 총성도, 무전도, 부하들의 고함도 들리지 않았다. 대신 짙은 안개가 전장을 뒤덮었고, 그 안개 속에서 누군가 걸어오고 있었다.

서서히 다가온 얼굴들은 모두 익숙했다. 전장에서 함께했던 전우들이었다. 그러나 그들은 이미 세상을 떠난 이들이었다. 나는 숨이 멎는 듯한 감정 속에서 물었다.

"너희들…… 살아 있었던 거냐?"

그들은 아무 말 없이 나를 바라보았다. 그 시선에는 원망도, 슬픔도 없었다. 그저 말할 수 없는 평온함이 깃들어 있었다. 가장 가까웠던 부하 하나가 앞으로 나섰다. 그의 손에는 여전히 전장에서 쓰던 헬멧이 들려 있었다. 그리고 그가 말했다.

"사령관님, 이제 그만하십시오."

그 말을 듣는 순간, 가슴이 울컥했다. 그리고 얼어붙는 듯했다. 그 말은 단지 작별 인사가 아니었다. 나를 책망하지도, 떠밀지도 않았지만, 그 안에는 다정함과 단호함, 그리고 말 없는 격려와 용서가 함께 담겨 있었다.

그 순간, 나는 새삼 그들의 변치 않은 전우애를 느꼈다. 죽음을 넘어선 평온한 시선 속에서, 그들은 내게 여전히 '함께 싸운 사람'이었고, '지켜 주고 싶은 존재'였다. 그리고 그들이야말로, 이제는 나를 놓아주려 하는 사람들이기도 했다.

"우리는 알고 있습니다. 사령관님이 우리를 위해 얼마나 애쓰셨는지. 이제는 당신의 길을 가십시오."

그들은 그렇게 말했다. 그 말은 내 마음속에서 오래도록 울렸다. 그들은 천천히 뒤로 물러나기 시작했다. 나는 본능적으로 손을 뻗었다.

"잠깐만…… 가지 마!"

그러나 그들은 안개 속으로 사라졌다. 허공을 붙잡은 손은 끝내 아무것도 쥘 수 없었다. 그리고, 꿈은 끝났다.

안개가 걷히고, 새벽이 시작되다

나는 눈을 떴다. 숨이 가빴다. 식은땀이 이마를 타고 흘러내렸지만, 이상하게 가슴은 조금 가벼워졌다. 천천히 몸을 일으켜 창문을 열었다. 차가운 새벽 공기가 얼굴을 스치고, 어둠 위로 희미한 여명이 떠오르고 있었다. 나는 그 빛을 바라보며 마음속으로 마지막 인사를 건넸다.

"이제는 보내 줄게. 하지만 절대 잊지는 않을 거야."

그 꿈은 단순한 기억의 파편이 아니었다. 그건 내 무의식이 나에게 건네준, '내려놓아도 괜찮다.'는 조용한 허락이었다. 전우애란 결국, 어떤 관계 안에서 서로를 지키고자 했던 간절함의 다른 이름이었다.

군 경험이 없는 이들이라 해도, 누군가를 도우려 했고, 끝내 지켜 주지 못했다고 느꼈던 순간이 있다면 그 감정은 알 수 있을 것이다. 그건 미안함이자, 소중함이며, 떠나보내는 사람만이 느끼는 묵직한 사랑이다.

나는 그 말을 가슴에 새겼다. 그리고 그날 이후, 처음으로 생각했다. '나 자신을 위한 삶을 시작해도 괜찮다.' 누가 허락해 준 것도 아니지만, 이상하게 그 말이, 나에게 건네는 조용한 허락처럼 느껴졌다.

당신에게 던지는 코칭 질문

내가 붙들고 있는 '사령관'은 무엇인가요?

그림 | 박창규 · ChatGPT

그 안개 속으로 그들이 걸어오면서 말했다.

"이제는 그만 내려놓고 사령관님의 길을 가십시오."

그것은 전우들의 조용한 허락이었다.

경보가 멈춘 뒤에야 들린, 내면의 울림

보이지 않는 적과의 싸움

은퇴는 끝이 아니라 또 다른 시작이라고들 한다. 그러나 그 시작은 언제나 설레기보다는 낯설고 어색하다. 전역 후 비상 사이렌은 멈췄지만, 내 안의 경보는 꺼지지 않았다. 그 소리는 두려움이자 불확실함이었고, 동시에 나를 다시 살아 있게 하는 감각이기도 했다. 오랜 시간 몸담았던 자리를 떠난 뒤 멈춘 것 같은 시간은, 마음까지 방향을 잃게 했다. 평생 전장을 누비던 나는, 전역 후에 오히려 더 깊은 내면의 전투에 들어섰다. 몸은 현실에서 내려왔지만, 마음은 여전히 명령을 기다렸고, 내면의 경보는 계속 울리고 있었다.

전역한 지 반년이 지났지만, 나는 여전히 전장의 언저리에 머물러 있었다. 밤이면 악몽이 찾아왔고, 낮에는 설명할 수 없는 불안이 나를 짓눌렀다. 전장의 두려움은 오히려 명확했다. 눈앞에 적이 있었고, 대응할 전략과 무기가 있었기에 두려움은 곧바로 행동으로 바뀔 수 있었다. 하지만 전역 이후의 두려움은 달랐다. 실체 없는 공허, 정체를 알 수 없는 불안, 방향을 잃은 자유. 싸워야 할 상대도, 지켜야 할 임무도 사라진 삶에서 두려움은 더욱 은밀하게 내면을 파고들었다.

시간이 흐를수록 멈춘 것 같은 시간은 공허로 바뀌었고, 그 공허는 점차 마음을 잠식했다. 사람들은 말했다. “이제는 좀 편히 쉬세요.” 하지만 그 말이 오히려 나를 더 불안하게 만들었다. 자유는 달콤해야 했지만, 내게는 낯설고 위태로웠다. 나는 스스로에게 묻기 시작했다. "나는 이제 무엇을 해야 하지?" 그리고 문득 깨달았다. 나는 그 두려움을 피하고만 있었다는 것을.

두려움의 얼굴을 마주한 밤

불안을 떨쳐 내기 위해 나는 하루를 일부러 바쁘게 채웠다. 골프 연습, 등산, 사람들과의 만남. 때로는 도서관에 나가 책을 읽었다. 그러나 책장을 덮고 나오는 길엔 어김없이 허공에 떠 있는 듯한 느낌이 밀려왔다. 무언가를 채웠는데도 마음은 오히려 더 비어 있었다. 이유를 알 수 없었다.

그러던 어느 날 밤, 나는 방 안에 홀로 앉아 내 안의 두려움과 마주했다. 회피하며 외면해 왔던 감정의 얼굴을 찬찬히 들여다보았다. 끝이 보이지 않는 미래에 대한 막막함, 기대에 미치지 못할지도 모른다는 조바심, 더 이상 누구에게도 필요 없는 존재가 될지도 모른다는 외로움. 그것은 어둠 속에서 부풀어 오른 감정들이었고, 그동안 나를 무겁게 감싸고 있던 그림자였다.

그러나 그 감정들을 외면하지 않고 오래 들여다보자, 그것들은 더 이상 나를 덮치는 어둠이 아니었다. 마치 어두운 방 안에 갇혀 있다고 믿었는데 불을 켜니 조용히 열려 있던 작은 출구가 보이는 것처럼, 두려움은 벽이 아니라, 그 너머로 나를 이끄는 문이었다.

두려움과 함께 걷는 연습

그날 이후, 나는 두려움을 마주한 채로 다시 움직이기 시작했다. 사람들과 연결을 시도했고, 새로운 공부를 시작했고, 나를 불편하게 만들던 낯선 자리에도 한 걸음씩 들어가 보았다. 처음엔 어색하고 불안했지만, 반복할수록 두려움은 점차 다룰 수 있는 감정이 되어 갔다.

그리고 그 과정 속에서 내 질문도 달라졌다. "앞으로 무엇을 해야 하지?"라는 막막한 질문에서 "지금 내가 시도해 볼 수 있는 건 무엇일까?"라는 실천의 언어로 바뀌었다. 질문이 달라지자 마음의 무게도 달라졌다. 스스로에게 던지는 말이 나를 짓누르기보다는 앞으로 나아가게 하는 동력이 되었다.

그제야 나는 알게 되었다. 두려움은 사라져야 할 감정이 아니라, 이해받기를 기다리는 감정이라는 것을. 다가가고, 머물고, 말을 걸면, 두려움은 나를 무너뜨리는 존재가 아니라 오히려 나를 다시 세우는 발판이 될 수 있다는 것을. 그럼에도 여전히 풀리지 않는 감정이 하나 있었다. 매일같이 도서관에서 책을 읽고, 글을 쓰고, 지식을 쌓았지만, 마음은 채워지지 않았다. 지식은 쌓였는데, 왜 내 마음은 허전했을까?

그 이유는 단순했다. 나는 내 안의 중심과 연결되지 않은 채로 바깥을 채우기만 했던 것이다. 충만함은 외부에서 오는 것이 아니었다. 그것은 내 안의 조용한 무언가와 연결될 때, 비로소 시작되는 것이었다. 나는 이제 충만함을 진심으로 갈망하고 있다는 것을 알게 되었다. 그 갈망은, 내 안의 무엇과 다시 연결되고 싶다는 몸의 언어였는지도 모른다.

두려움을 품고 나아가다

나는 안다. 두려움은 앞으로도 나를 찾아올 것이다. 아직 나는 그것을 완전히 넘어선 것이 아니다. 다만 그것과 함께 걷는 법을 배우려 애

쓰고 있을 뿐이다. 내가 바라는 것은, 언젠가 이 감정들이 내 삶의 걸림돌이 아니라 길잡이가 되기를 바라는 것이다.

나는 오늘도 그 두려움을 안고, 조용히 그리고 꾸준히 한 걸음씩 나아가려 한다. 그리고 그 길의 끝에서, 나는 마침내 지금껏 놓치고 있던 나 자신과 다시 마주하게 되기를 바란다. 아직은 바람일 뿐이지만, 그 바람은 나를 움직이게 한다.

두려움을 마주한 이 여정은 아직 어디에도 닿지 않았다. 하지만 나는 그 멈춤의 시간 속에서 내 안에 조용히 움트고 있던 떨림을 느꼈다. 그것은 아직 작고 여린 감정이었지만, 분명히 살아 있는 움직임이었다. 나는 오늘도 왠지 무언가 빠져 있는 불완전하다는 느낌이 든다. 그러나 그 불완전함이야말로 내가 아직 살아 있고 변화하고 있다는 징표라는 느낌도 동시에 든다. 나는 이 떨림을 믿기로 했다.

아직도 내 안엔 조용한 경보음이 남아 있다. 그것은 두려움이 아니라, 내가 다시 움직이고 싶다는 신호인지도 모른다. 이제는 그 신호를 따라 조심스레 걸어가려 한다. 바람 한 점이 방향이 되듯, 나는 내 안의 가장 조용한 울림에 귀를 기울인다. 그 걸음의 끝에서 무엇을 마주하게 될지 아직 알 수 없지만, 나는 조용히 소망한다. 내가 내 안의 가장 진실한 마음과 다시 연결되기를.

당신에게 던지는 코칭 질문

당신 안에 두려움의 경보가 울릴 때, 그것을 끄는 당신만의 방법은 무엇인가요?

그림 | 박창규 · ChatGPT

아직도 내 안엔 조용한 경보음이 남아 있다.

그것은 두려움이 아니라,

내가 다시 움직이고 싶다는 신호이다.

어둠이 가르쳐 준 빛의 의미

전역 이후, 내 안에 자라난 어둠

50대 초반, 나는 예기치 못한 인생의 전환점에 직면했다. 군에서 한 병과의 최고 직책인 사령관이라는 직책을 마친 뒤에는 자동 은퇴해야 한다는 은근한 압박 속에서 예기치 않게 조기에 전역을 하게 되었다. 내 나이 한창인 53세에 안타까운 퇴장이었지만, 내면 깊은 곳에는 미처 정리되지 못한 많은 질문이 남아 있었다. "나는 정말 끝난 걸까? 아직 할 일이 남아 있는 건 아닐까?" "그럼, 지금부터는?"

전역 후, 나는 새로운 길을 모색했다. 경영학을 바탕으로 정보 경영을 접목해 보기 위해 정보과학 대학원에 진학했다. 다양한 사람들을 만나고, 은퇴한 선배들에게 조언을 구했다. 그러나 내가 찾고 싶은 대답은 그 어디에도 없었다. 졸업을 앞두고도 뚜렷한 길이 보이지 않았다. 바깥은 바쁘게 흘렀지만, 나는 끝없는 터널을 걷는 듯했다. "나는 어디로 가야 하지?"

그 물음은 답을 구할 수 없는 혼란이 되어 마음을 짓눌렀다. 할 일도, 나를 필요로 하는 이도 없는 현실 앞에 허무함이 쌓였다. 결국 친구들과 술잔을 기울이며 하루하루를 흘려보냈다. 그렇게 나는 내 안에 어둠이 점점 자라나는 것을 느꼈다.

바기오로 떠나다

그 무렵, 처남이 연락을 주었다. "매형, 여기 와서 좀 쉬다 가세요." 그 말에 아내와 함께 필리핀 바기오로 향했다. 처음에는 관광객처럼 시간을 보냈다.

바기오는 해발 1,500미터의 고원 도시였고, 무더운 한국과 달리 선선한 바람이 불었다. 그러나 풍경이 아무리 아름다워도 내 마음속 허전함은 채워지지 않았다.

어느 날, 폭우가 쏟아졌다. 빗소리가 창문을 두드렸고, 바람은 나뭇가지를 거세게 흔들었다. 나는 조용히 창밖을 바라보았다. 그 휘청거리는 나무들을 보며 문득 생각했다. '지금 내 모습과 다를 게 없구나.' 중심을 잃고 흔들리는 삶. 나는 내 안의 고요한 절망을 비로소 직면하게 되는 듯했다.

고요 속의 깨달음

그때부터 나는 바기오의 고요 속으로 조금씩 스며들기 시작했다. 아침이면 운동을 하고, 오후엔 숲길을 산책하며 하늘을 올려다보았다. 바기오의 숲은 아열대 나무들로 가득했고, 나뭇가지 사이로 보이는 하늘은 깊고 조용했다. 그 고요는 단지 소리가 없는 정적이 아니라, 내 안의 소란한 생각과 감정이 조금씩 가라앉는 시간이었다.

처음에는 익숙하지 않았다. 바쁜 일상에 길들여져 있던 몸과 마음은 멈추는 법을 잊고 있었다. 그러나 바기오의 공기와 나무, 별빛은 말없이 나를 감싸 주었고, 나는 조금씩 멈추는 법을 배워 갔다. 아무것도 하지 않고 그저 앉아 있는 순간들이 쌓이면서, 내면의 피로가 천천히 풀려나갔다.

그러던 어느 날 밤, 별이 총총히 떠 있는 하늘을 바라보다가 문득 마음속에서 울림 하나가 일었다.

"어둠이 깊을수록, 별은 더 밝게 빛난다."

그 광경을 아무렇지도 않게 수십년을 보아 왔지만 그날 밤의 그 깨달음은 전율처럼 다가왔다. 나는 그동안 어둠은 제거해야 할 무엇으로만 여겼다. 그러나 이제는 알 수 있었다. 어둠은 빛의 반대가 아니라, 빛을 돋보이게 하는 배경이었다. 내가 빠져 있던 그 어둠조차, 나를 삼키는 것이 아니라 내 안의 빛을 드러내기 위해 존재했던 것임을 생각이 아닌 느낌으로 알 수 있었다.

사람들은 흔히 어둠과 빛을 단순한 이분법으로 나눈다. 그러나 나는 실제 어둠 속에 머물러 보니, 그 안에서 비로소 진짜 빛이 얼마나 소중하고 아름다운지를 느낄 수 있었다. 그 빛은 찬란해서가 아니라, 어둠 속에서 길을 비추어 주기에 더욱 감사한 빛이었다. 바기오의 밤하늘에서 내가 만난 별빛은, 내 삶 전체를 바꾸는 조용한 전환의 순간이었다.

바기오의 어둠은 나를 삼키지 않았다. 나를 해치지 않고 오히려 품었다. 나를 멈추게 했고, 그 멈춤 속에서 나는 비로소 나를 바라보았다. 더는 어디로 가야 할지 몰라 헤매는 사람이 아니라, 조용히 빛을 기다리는 사람이 되었다.

내 안의 감각에 집중하다

그날 이후 나는 점점 바깥의 정보보다 내 안의 감각에 집중하게 되었다. 내면에서 피어오르던 희미한 빛은, 사실 오래전부터 내 안에 존재했던 것이었다. 그것은 남의 인정이나 성취를 통해 얻는 빛이 아니었다. 말없이 머물며 자신을 바라보는 순간들 속에서 자라나는, 조용하고도 단단한 존재감이었다.

이전에는 성공이나 역할 속에 나를 담으려 했다면, 이제는 존재 그 자체로 충분하다는 내면의 소리를 들을 수 있게 되었다. 그것은 여전히 작고 불안정한 빛이었지만, 그 불완전함 속에 오히려 진실함이 있었다. 나는 점점 삶의 방향보다, '삶을 어떻게 바라볼 것인가'에 더 집중하게 되었다.

나는 어둠 속에서 멈춘 덕분에, 비로소 그 빛의 존재를 감지할 수 있었다. 세상 밖에서 답을 찾는 것을 잠시 멈추었을 때, 내 안의 질문들이 공간을 만들었고, 그 안에서 조용한 확신이 싹텄다. 그것은 무엇을 해야 할지 명확해진 상태가 아니라, 어떤 상태로 살아야 하는지를 조금씩 알아 가는 시작이었다.

어둠을 두려워하지 않으면 빛을 만난다

그 빛은 외부에서 오지 않았다. 자연 속 고요함, 내면의 침묵, 그리고 나를 바라보는 조용한 시선 속에서, 그 빛은 아주 작고 느리게, 그러나 분명하게 자라고 있었다. 나는 무엇을 하느냐보다, 어떤 마음으로 멈추고 있느냐가 더 중요하다는 걸 깨달았다. 삶은 어둠과 빛이 교차하는 공간이다. 누구나 그 말을 알고는 있지만, 실제로 어둠 속에 오래 머물러 본 사람만이 안다. 그 빛이 얼마나 따뜻한지, 얼마나 고마운지, 얼마나 오랫동안 기다려 주고 있었는지를.

어둠은 나를 무너지게 하지 않았다. 오히려 그 어둠이 있었기에, 나는 내 안의 진짜 빛을 만날 수 있었다. 그것은 외부의 찬란함이 아니라, 흔들려 본 자만이 가질 수 있는 조용하고 단단한 내면의 불빛이었다.

중요한 것은 어둠을 두려워하지 않는 마음이다. 그 어둠을 지나갈 때, 우리는 비로소 우리만의 별을 만나게 된다. 그리고 그 별은 언제나 우리 안에 있었다.

당신에게 던지는 코칭 질문

어둠에 있을 때 오히려 당신만의 별을 드러낸 때는 언제였는지요?

그림 | 박창규 · ChatGPT

중요한 것은 어둠을 두려워하지 않는 마음이다.
그 어둠을 지나갈 때,
우리는 비로소 우리만의 별을 만나게 된다.
그리고 그 별은 언제나,
우리 안에 있었다.

현자들과의 여정 속, 내 안에서 깨어난 질문들

또다시 길을 나서다

바기오에서 '어둠이 깊을수록 별은 더 밝게 빛난다.'는 깨달음을 얻은 후, 나는 그 별빛이 단순한 은유가 아니라는 것을 알았다. 그것은 내가 찾아가야 할 구체적인 길이었다. 하지만 어떻게 그 깨달음을 삶으로 옮겨 갈 것인가?

어릴 적 나는 별을 보며 꿈꾸곤 했다. 무엇이 되고 싶다기보다 '어떤 사람'이고 싶었다. 따뜻하고 진실한, 누군가에게 위로가 되는 그런 사람. 하지만 언제부턴가 그 순수한 바람은 성취와 인정이라는 두꺼운 껍질에 가려져 버렸다. 바기오에서 내가 되찾으려는 것은 바로 그 본래의 나였다.

그 별빛을 현실에서 살아 내기 위해, 더 깊이 듣기 위해, 더 정직하게 나를 마주하기 위해, 또다시 길을 나섰다. 바기오의 깨달음은 시작에 불과했다. 이제 나는 그 빛이 어떻게 삶의 구체적인 지혜가 되는지를 배워야 했다. 그리고 세상 곳곳에 깃든 말없는 현자들을 만났다.

북유럽의 숲 – 존재해도 되는 나

북유럽을 여행할 때는 다른 지역에서 느낀 것과는 사뭇 다른 감정에 사로잡히곤 했다. 덴마크, 노르웨이, 핀란드, 스웨덴 등 그 넓은 땅을 지나며, 특히 노르웨이의 언덕을 넘을 때 들려오던 '솔베이지 송'은 어린 시절 고향 들판을 떠오르게 했다. 눈 덮인 겨울 들판을 멍하니 바라보던 그 풍경, 그리고 그곳에서 멀어져 간 순이의 기억도 함께 떠올랐다. 북유럽에서 들은 멜랑콜리하고 잿빛 감성의 음악은 과거의 문을 조용히 열고, 그 안에 감춰진 감정을 다시 꺼내게 하곤 했다.

내가 북유럽에서 받은 인상은 단순한 여행의 감상이 아니었다. 햇살도, 바람도, 물결도 모두 소리 없이 흘러가고 있었고, 나는 호숫가의 벤치에 앉아 아무 말 없이 그 풍경을 오랫동안 바라보았다. 그 침묵 속에는 말로 표현할 수 없는 어떤 메시지가 있었다. 마치 조용한 속삭임처럼, 그 모든 자연은 내게 이렇게 말해 주는 것 같았다. "너는 지금 이대로 괜찮아." 그 말은 참 낯설었다. 그리고 동시에 익숙하기도 했다. 나는 늘 무언가를 해내야 하고, 누군가에게 인정받아야 존재할 수 있다고 믿으며 살아왔기 때문이다. 하지만 그 숲은 달랐다. 아무것도 하지 않아도, 아무런 증명을 하지 않아도, 나라는 존재가 그대로 괜찮다고 말해 주는 듯했다.

나는 그날 비로소 알아차린다. 존재란 무엇을 해내는 것으로 증명되는 것이 아니라, 있는 그대로의 자신을 받아들이는 것임을. 북유럽의 숲은 내게 말없이 그 진리를 전해 주었고, 나는 그 침묵 속에서 오히려 가장 깊은 배움을 얻었다. 한국으로 돌아온 후에도 나는 그 감정을 잊지 않으려고 애썼다. 그래서 하루 중 단 몇 분이라도, 5분 정도의 시간을 정해 놓고 아무것도 하지 않은 채 그냥 숨 쉬며 앉아 있는 연습을 시작했다. 그 시간에는 판단도 멈추고, 계획도 멈추고, 존재 그 자체로 머물렀다. 처음에는 그 짧은 시간조차 낯설고 어색했지만, 시간이 지날수록 내 안에 조용한 평온이 자리 잡기 시작했다.

그 5분은 점점 내 안에 작은 숲처럼 자라났고, 나는 그 안에서 비로소 '존재해도 되는 나'를 만날 수 있었다. 이전에는 외부의 평가나 성취를 통해서만 나를 확인하곤 했지만, 이제는 그저 숨 쉬고 있는 이 순간의 내가 충분하다는 것을 조금씩 느끼게 되었다. 그렇게 북유럽의 그 조용한 숲은 지금도 내 안에서 살아 있다. 아무것도 하지 않아도 괜찮다는 그 조용한 위로가 여전히 내 안을 맴돌고 있고, 나는 그 속에서 오늘도 나를 다시 살아 내고 있다.

룸비니의 보리수 아래 – 멈춤의 지혜

네팔 룸비니. 부처가 태어난 곳, 그 이후 수천 년을 지내 온 고요의 땅. 나는 그곳의 보리수 아래 앉았다. 시원한 바람이 이마를 스치고, 나뭇잎은 햇살에 가볍게 흔들렸다. 그곳에서 나는 '지금 여기'에 머무를 수 있었다. "지금 이 순간을 살아라." 그 한마디가 내 안에서 또렷하게 울려왔다.

그건 단순한 명상이 아니었다. 삶이란 순간순간의 연속임을, 과거에 매이거나 미래를 걱정하느라 놓치고 있던 '지금'이 얼마나 소중한지를 나는 처음으로 체험하고 있었다. 멈춘다는 것은 포기가 아니라 회복이었다. 바기오에서 깨달은 '어둠 속의 별빛'처럼, 이 멈춤 역시 더 밝은 내일을 위한 쉼표였다. 그 깨달음이 나를 한 걸음 더 안으로 이끌었다.

이스라엘의 광야 – 내면의 질문

이스라엘의 광야. 햇살은 머리 위에서 묵직하게 눌러 왔고, 바람은 말없이 모래를 쓰다듬고 지나갔다. 눈앞에 펼쳐진 풍경은 아무것도 없는 듯 보였지만, 그 '아무것도 없음' 속에서 오히려 나 자신이 가장 또렷하게 들려왔다. 그날, 내 안에서 하나의 목소리가 불쑥 떠올랐다.

"나는 인생의 텅 빈 끝자락에서 어떤 사람이 되고 싶은가?"

그 물음 앞에서 나는 한참을 멈추었다.

바람도 멈춘 듯 고요한 그 순간, 내 과거가 조용히 걸음을 멈췄고, 미래에 대한 갈망은 사르르 식어 갔다. 나는 그동안 무엇이 되려 애써 왔던가? 그리고 정말로 나는 무엇을 남기고 싶었던가?

문득 어린 시절의 내가 떠올랐다. 거기엔 '성공한 사람'이 아니라 '의미 있는 사람'을 꿈꾸던 내가 있었다. 눈부시지 않아도 좋았다. 다만 누군가의 삶에 따뜻한 흔적 하나 남길 수 있는 사람이 되고 싶었다. 그때 처음 알았다. 질문 하나가 목표를 바꾸는 게 아니라, 존재의 궤도를 바꾼다는 사실을.

그날 이후, 나는 '이루는 삶'이 아닌 '되어 가는 삶'으로 방향을 틀었다. 비워야 보이는 것들이 있다. 광야는 외롭지만, 나를 가장 깊이 만날 수 있는 자리였다. 나는 그 빈 공간에서, 마침내 나를 향한 질문 하나를 품게 되었다. 그리고 그것은 살아 있는 나침반이 되어, 지금도 내 길을 조용히 비추고 있다.

간디의 불꽃 – 침묵의 저항

인도의 간디 묘소 앞. 작은 불꽃이 조용히 타오르고 있었다. 그 불꽃은 말하지 않았지만, 삶 전체를 말하고 있었다. "진실을 지켜라. 그러면 시간은 당신의 증인이 되어 줄 것이다."

간디는 싸우지 않고 이겼고, 말없이 세상을 바꾸었다. 그는 나에게 말해 주었다. 태도는 말보다 강하다고. 작은 일상에서의 진실함이 큰 변화를 만든다고.

그의 실을 잣는 물레 앞에서 나는 생각했다. 내가 매일 하는 작은 선택들, 작은 행동들이 모여 내 삶의 실을 짜고 있구나. 하나하나가 소중하고, 하나하나가 의미 있구나. 그날 나는 배웠다. 진실하게 삶의 실을 짜듯이 살아가는 것이 세상에서 가장 깊은 저항이라는 것을. 거창한 구호가 아니라 일상의 정직함이 세상을 바꾼다는 것을.

아우슈비츠의 침묵 - 의미의 선택

폴란드, 아우슈비츠. 쇠창살과 침묵, 그리고 차가운 돌바닥. 숨이 멎는 것 같은 적막 속에서 나는 그날, 빅터 프랭클의 말을 되뇌었다.

"의미는 우리가 선택할 수 있는 마지막 자유다."

그곳에서 나는 느꼈다. 삶은 외부가 결정하는 것이 아니라, 내가 어떤 의미로 그것을 받아들이느냐에 달려 있다는 것을. 존엄은 누가 주는 것이 아니라 내가 스스로 지켜 내는 것이었다.

극한의 고통 속에서도 인간다움을 잃지 않은 사람들의 이야기. 그들은 내게 보여 주었다. 어둠이 아무리 깊어도 별은 꺼지지 않는다는 것을. 바기오에서 품었던 그 문장이 여기에서 더욱 깊은 울림으로 다가왔다. 나의 작은 고민들이 얼마나 사소한지, 동시에 그 속에서도 의미를 찾을 수 있다는 희망을 나는 그곳에서 배웠다.

소크라테스 앞에서 - 나를 다시 부르다

아테네, 거칠게 깎인 돌로 만든 감옥 입구에 앉아 있었다. 그 자리는 철학자 소크라테스가 생의 마지막을 보낸 장소였다고 한다. 나는 그 앞에서 조용히 눈을 감고 묵상했다. 현자와 대화하고 싶은 마음에서였다. 내면 깊은 침묵 속에서 한 문장이 들려왔다. "너 자신을 알라." 짧지만, 그 말은 지금껏 들어왔던 수많은 말보다 훨씬 더 깊고 크게 내 안에 울려 퍼졌다.

이미 알고 있던 그의 말이었지만, 그의 돌 감옥 앞에서는 새삼 나 자신을 되돌아보게 했다. 나는 지금까지 무엇이 되기 위해 그토록 애쓰며 살아왔던가. 그리고 그 목표는 진정한 나였던가. 문득, 진짜 나는 누구였는지가 떠올랐다. 어린 시절, 밤하늘의 별을 보며 조용히 꿈을 꾸던 그 마음. 삶의 현실 속에서 성취와 인정에 묻혀 잊고 지냈지만, 그 순수한 마음은 결코 사라지지 않았다. 마치 먼지가 쌓인 거울처럼, 조용히 숨 쉬며 내 안 어딘가에 남아 있었다.

그날 나는 다짐했다. 이제는 내가 되고 싶은 나로, 내 삶의 마지막 장을 직접 써 내려가겠노라고. 누군가가 만들어 준 길이 아니라, 내가 본래 걸어가야 했던 길로 돌아가겠다고 결심했다. 이 여정은 많은 장소를 방문하는 여행이 아니었다. 오히려 내 안의 수많은 질문과 마주하는 길이었다. 숲, 보리수 나무 아래, 광야, 불꽃, 침묵, 그리고 이 돌 감옥까지. 그 모든 장소는 결국 내면 깊은 곳을 비추는 하나의 거울이었다. 그 거울 앞에서 나는 나를 새롭게 보기 시작했다.

내가 본래 되어야 했던 사람으로 돌아가는 길. 어린 시절 별빛 아래서 꿈꾸던 그 따뜻하고 진실한 나를 다시 품는 여정이었다. 삶의 끝에 이르러서야 나는 깨달았다. 나의 길은 새로운 길이 아니라, 오래전부터 내 안에 있었던 길이었다.

당신에게 던지는 코칭 질문

삶이 막막할 때, 당신을 일으켜 주는 '현자'는 누구였나요?

그림 | 박창규 · ChatGPT

숲, 보리수, 광야, 불꽃, 침묵, 돌 감옥……
그 모든 장소는
결국 내 안의 깊은 곳을 건드리는
하나의 거울이었다.
그리고 그 거울 앞에서 나는
나를 새롭게 보기 시작했다.

나를 바꾼 통찰과 결단

진짜 여정의 문을 열다

인생에서 어떤 순간은 설명보다 감각으로 다가온다. 나에게 그런 순간은 현자들과의 만남을 통해 찾아왔다. 말없는 그들의 가르침은 처음에는 스쳐가는 울림이었다. 그러나 그 울림은 점차 내 삶의 결을 바꾸기 시작했다.

그날 이후 나는 알게 되었다. 지혜는 외우는 것이 아니라, 살아 내야 내 것이 된다는 사실을. 그 깨달음은 하나의 결단으로 이어졌다. 이제 나는 더 이상 지혜의 수집에 의존하지 않는다. 대신, 매일 삶 속에서 그 가르침을 실천하려 한다. 그 결단이야말로 내 안의 별빛을 현실로 옮기는 첫걸음이었다.

내 안에 일어난 다섯 가지 근본적 변화

삶을 바라보는 질문이 바뀌다

과거의 나는 하루를 성과로 평가했다. 무엇을 해냈는가, 얼마나 빨랐는가가 나의 가치 기준이었다. 그러나 어느 순간 질문이 바뀌었다. "오늘 얼마나 살아 있었는가?" 이 질문은 내 시선을 완전히 바꾸었다.

삶은 더 이상 성취를 위한 목적지가 아니었다. 바람, 햇빛, 눈빛 같은 순간 속에 이미 존재하고 있었다. 나는 큰 성공보다는 사소하지만 생생한 지금 이 순간들에 의미를 두게 되었다. 그 순간들이야말로 내가 진짜로 살아 있음을 확인시켜 주었기 때문이다. 삶은 해내는 일이 아니라, 살아 내는 감각이다.

세상을 바라보는 태도가 달라지다

간디의 침묵과 아우슈비츠의 절망은 말이 아닌 시선으로 가르침을 전했다. 그 경험 이후, 나는 사람을 만날 때 말보다 그의 침묵을 먼저 듣게 되었다. 사람의 얼굴에서, 말하지 않은 말들에서 그 사람의 진심을 느끼려 했다.

진실한 응시는 상대를 바꾸려는 욕망이 아니라, 있는 그대로를 받아들이는 태도에서 나온다. 나는 이제 안다. 세상을 바꾸는 힘은 거창한 말이 아니라, 진심 어린 시선에서 비롯된다는 것을.

나 자신을 바라보는 눈이 바뀌다

아테네의 돌 감옥 앞에 섰을 때, "너 자신을 알라."는 문장이 내 마음 속에 울렸다. 그 말은 오랜 습관을 멈추게 했다. 나는 늘 '무엇이 되어야 한다.'는 압박 속에서 살아왔다. 그러나 이제는 무엇이 되지 않아도 괜찮다는 것을 안다.

내 존재는 증명해야 할 것이 아니라, 살아 내는 태도 속에서 자라나는 것임을 알게 되었다. 그 깨달음은 나를 느슨하게 만든 것이 아니라, 오히려 더 단단하게 내 삶을 책임지게 만들었다. 진짜 나는, 무엇이 되는 길이 아니라 '되어 가는 길' 위에 있다.

미래를 향한 질문이 달라지다

예전에는 미래를 계획과 목표의 차원에서만 바라보았다. 무엇을 할 것인가, 얼마나 이룰 것인가가 중요했다. 하지만 지금은 다르다. 나는 이제 묻는다. "나는 어떤 사람이 되어 가고 있는가?"

이 질문은 나를 성과가 아닌 태도, 속도가 아닌 리듬, 성취가 아닌 성찰로 이끌었다. 미래는 더 이상 이뤄야 할 일이 아니라, 되어 가는 존재의 시간이 되었다. 그로 인해 삶의 무게는 가벼워졌고, 의미는 더 깊어졌다.

관계를 바라보는 시선이 달라지다

사람들과의 만남에서도 변화가 일어났다. 예전에는 상대에게 무언가를 얻거나 주려는 마음이 앞섰다. 정보를 교환하고, 도움을 주고받고, 인상을 남기려 했다. 그러나 이제는 다르다.

어느 날 친구와 차를 마시며 앉아 있었다. 별다른 이야기 없이 그저 창밖을 바라보며 시간을 보냈는데, 그 순간이 오히려 더 깊은 소통이었다. 서로의 존재 자체를 느끼며, 말하지 않아도 통하는 무언가가 있었다.

대화 중에도 다음에 할 말을 준비하기보다는, 상대의 말과 침묵을 온전히 받아들이려 했다. 그러자 관계가 깊어졌다. 상대방도 내 앞에서 더 자연스러워했고, 진짜 모습을 보여 주었다.

진정한 만남은 무엇을 주고받는 것이 아니라, 누구와 어떻게 머무는가에 달려 있다.

되돌아가는 것이 곧 초월이었다

아무리 깊은 통찰도 실천으로 이어지지 않으면 소용이 없다. 그래서 나는 작지만 구체적인 삶의 결단을 만들었다. 매일 아침 고요히 머무르기. 매주 한 번, '나는 지금 나답게 살고 있는가' 되묻기. 누군가를 만날 때, 먼저 침묵하고 그의 시선을 보기. 이 단순한 실천들이 내 삶을 천천히 바꾸었다. 깨달음은 언젠가의 완성이 아니라, 지금 이 순간에 살아 내는 선택이었다.

나는 위대한 진리를 얻은 게 아니다. 오히려 그 반대이다. 나는 되돌아갔다. 그리고 되돌아온 자리에서 처음으로 나를 온전히 받아들일 수 있었다. 이제는 더 이상 누군가의 기대나 과거의 성과로 나를 설명하지 않는다.

나는 그저 나답게 살아가려 한다. 때로는 멈추고, 때로는 흔들리며, 그러나 늘 나 자신과 연결된 채로. 그게 바로 나를 바꾼 통찰이며, 내가 매일 새롭게 내리는 조용한 결단이다. 그리고 그 삶 안에서, 나는 여전히 내 마음속 깊은 울림을 따라 걷고 있다.

당신에게 던지는 코칭 질문

당신은 어떤 사람이 되어 가고 있습니까?

그림 | 박창규 · ChatGPT

지혜는 쌓이는 것이 아니다.
살아 낼 때 비로소
내 안의 별빛이 된다.

당신에게 던지는 코칭 질문

멈춤의 시간, 나를 깨우는 질문들

★ 당신의 삶에서 '비상'이 울렸던 순간은 언제였나요?

★ 내가 붙들고 있는 '사령관'은 무엇인가요?

★ 당신 안에 두려움의 경보가 울릴 때, 그것을 끄는 당신만의 방법은 무엇인가요?

★ 어둠에 있을 때 오히려 당신만의 별을 드러낸 때는 언제였는지요?

★ 삶이 막막할 때, 당신을 일으켜 주는 '현자'는 누구였나요?

★ 당신은 어떤 사람이 되어 가고 있습니까?

Chapter 2

걸어온 삶 속에서 축적된 자원을 발견하다

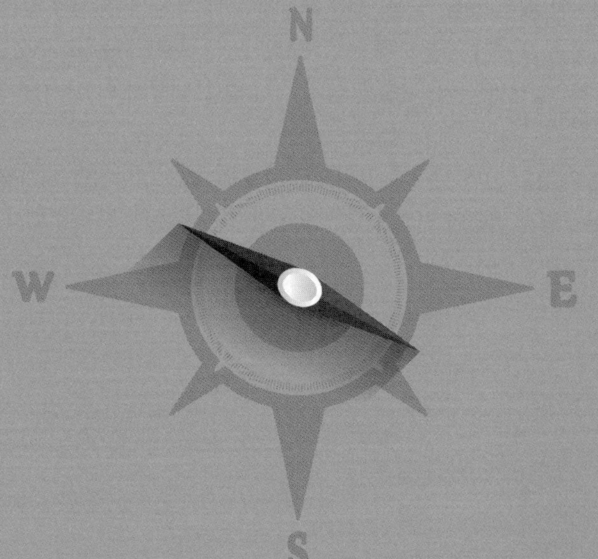

삶이 남긴 것들

삶에는 설명할 수 없는 무게가 있다. 그 무게는 실패였고, 때론 부끄러움이었다. 도망치고 싶었던 기억들, 지워 버리고 싶었던 순간들이 어깨를 짓눌렀다.

하지만 시간이 흐르고 나서야 알게 되었다. 그 모든 고비가 결국은 나를 지탱해 준 밑거름이었음을. 처음엔 그것이 자산인지도 몰랐다. 넘어지고, 흔들리고, 다시 일어서기를 반복하며 조금씩 깨달아 갔다. 내 안에는 이미, 삶이 새겨 놓은 것들이 켜켜이 쌓이고 있었다는 것을.

현실과 부딪히며 배운 것들, 꿈을 좇다 좌절했던 시간들, 그 속에서 얻은 감정과 통찰, 회복의 흔적들이 오늘의 나를 이루는 토대가 되었다. 이제 나는 그 여정을 되짚으며 무엇이 나를 다시 걷게 했는지, 어떻게 삶에 다시 발을 내딛게 되었는지를 하나씩 꺼내어 보려 한다.

이 글이 당신에게도 삶의 상처를 자원으로 바꾸는 작은 실마리가 되기를 바란다. 지금 겪고 있는 흔들림과 멈춤이 언젠가 당신을 떠받쳐 줄 든든한 기둥이 되기를.

꿈의 씨앗이 심어진 곳

살아 있는 자원의 뿌리

전라남도 화순군 청풍면 신석리의 깊은 산골 마을은 단순한 출생지가 아닌, 박창규라는 인간의 정체성과 꿈의 씨앗을 심어 준 생명의, 정신의 원천이었다. 이제는 버스가 오가는 길이 되었지만, 당시에는 우마차 한 대가 겨우 지나던 좁은 시골길이 마을의 전부였다. 마을 어귀에 우뚝 선 당산나무는 단순한 나무가 아닌, 어린 시절의 놀이터이자 마을의 상징적 존재로 자리하고 있었다.

그곳에서 계절의 변화를 온몸으로 느끼며, 여름에는 나무 그늘 아래에서 숨바꼭질을 하고, 가을에는 낙엽을 모아 불을 피워 고구마를 구워 먹던 시간들이 어린 가슴에 자연과 교감하는 법을 가르쳐 주었다. 들판을 스치던 맑은 바람, 여름 밤을 수놓던 반딧불이, 저녁 무렵 귀기울이던 풀벌레 소리. 이 조용한 존재들은 말없이도 내 마음과 교감하며, 자연스레 삶의 정서적 뿌리가 되어 주었다. 그렇게 '고향'이라는 단어엔 언제나 따스한 온기가 배어 있다.

나의 첫 번째 스승, 자연

겨울이면 얼음을 깨고 물고기를 잡거나 엉성한 썰매를 만들어 얼음 위를 질주하던 기억들은 단순한 놀이를 넘어선 자연과의 깊은 교감이었다. 때로는 겨울 들판 한가운데 홀로 서서 바람만 스치는 고요한 순간을 경험하기도 했는데, 지금 돌이켜보면 그것은 어린 나이에 자연스레 시작된 명상이었을지도 모른다. 그 침묵 속에는 나를 바라보는 내면의 시선, 무의식의 자각이 있었다. 고향의 자연은 말없이 모든 것을 가르치는 첫 번째 스승이었다.

설명이나 강요 없이, 봄에는 생명이 움트는 신비를, 여름에는 넘치는 생동감을, 겨울에는 모든 것을 가라앉히고 조용히 바라보는 통찰을 전해 주었다. 이러한 자연과의 교감은 의식적으로 배운 것이 아닌, 삶 속에 자연스레 스며든 깨달음으로, 나는 그저 자연의 일부로 살며, 그것이 내 삶의 근본적인 결이 되었음을 한참이 지난 후에야 비로소 깨달았다.

할머니의 자장가가 심어 준 별

어린 시절 여름밤, 나는 마당 평상에 누워 모깃불 연기 너머로 별을 바라보곤 했다. 평상 옆에 앉은 할머니는 자장가를 불러 주셨다. "별 하나, 나 하나. 별 둘, 나 둘." 그 노래는 마치 주문처럼 반복되었고, 나는 그 노래를 들으며 서서히 잠에 들곤 했다. 지금도 그 짧은 한 소절만을 정확히 기억한다. 그러나 그 자장가는 단지 잠을 재우는 노래가 아니었다. 그것은 내 영혼에 처음으로 새겨진 소리였고, 어린 마음속 깊은 곳에 조용히 빛을 심어 준 노래였다.

그 당시 나는 별이 하늘에만 있는 존재인 줄 알았다. 하지만 시간이 흐르면서 나는 점점 다른 사실을 알게 되었다. 그 별은 언제나 내 안에 있었고 언젠가 내가 되어야 할 존재였다는 것. 할머니는 말로 설명하지 않으셨지만, 자장가를 통해 내게 말없이 속삭이셨던 것 같다. "너는 별이야." 그 말은 문장이 아닌 감각으로 남았다. 모깃불 냄새, 밤하늘의 별빛, 그리고 할머니의 숨결과 함께, 그 노래는 내 안 깊은 곳에 조용히 뿌리내렸다.

자장가의 기억은 오랫동안 나를 따라다녔다. 별을 동경하며 살아가는 마음은 내게 하나의 방향이 되었다. 인생의 어두운 시기, 길을 잃었다 느꼈던 순간에도 그 노래의 기억은 희미하지만 분명한 등불처럼 나를 이끌었다. 때로는 아주 멀리서, 들리지도 않을 만큼 작은 소리로 내 마음을 흔들었다. 그것은 어린 시절의 한밤중, 별을 보며 들었던 노랫소리였고, 동시에 내 안에 심어진 가능성의 씨앗이었다.

삶은 어쩌면, 어린 날 마음속에 품었던 그 별의 가능성을 따라 한 걸음씩 나아가는 여정인지도 모르겠다. 그 별은 이제 더 이상 하늘에만 있는 것이 아니다. 내 안에서 조용히 숨 쉬며 나를 일으키고, 나아갈 방향을 잡아 주는 내면의 등불이 되었다. 그리고 나는 그 등불을 따라 살아가고 있다. 어릴 적 평상 위에서 들었던 자장가 한 소절이 오늘의 나를 만들었다고 말할 수 있을 것이다.

지금 생각해 보면, 아버지께서 몇 해 뒤 내 이름을 '昌奎(창규)', 즉 '별처럼 빛나는 사람'으로 개명하신 것도 우연이 아니었는지도 모른다. 별을 따라 살아가려는 아이의 눈빛을 아버지도 보고 계셨던 게 아닐까. 어쩌면 그분은 이미 알고 계셨던 것이다. 내 안에 별이 있었다는 사실을.

5.5km의 등하굣길이 선물한 성장

집에서 5.5km나 떨어진 학교까지 짚신을 신고 홀로 걸어 다니던 어린 시절의 경험은 단순한 통학 과정이 아닌, 내면의 의지와 독립심을 키운 소중한 훈련이었다. 여름에는 비에 젖고 겨울에는 눈을 밟으며,

발이 얼어붙을 것 같은 날씨에도 포기하지 않고 매일 그 길을 걸었는데, 그곳에는 누구도 시키지 않았지만 나를 걷게 만드는 내면의 동력이 있었다.

혼자 걷는 시간은 고요히 자신과 마주하는 시간이었지만, 외로움보다는 오히려 풍요로움이 있었다. 길가의 나무들과 인사하고, 다람쥐와 눈을 마주치며, 바람과 속삭이듯 대화하고, 새소리를 따라 흥얼거리다 보면 어느새 목적지에 도착했다.

이러한 경험은 삶에서 누구나 마주하게 되는 고독과 마주하는 힘, 그리고 그 고독을 통해 자신의 중심을 발견하는 능력을 어린 시절부터 키울 수 있게 해 주었다. 지금 돌이켜 보면, 그 촌스러웠던 출발이 인생의 견고한 토대를 만들어 준 소중한 자산이었음을 깨닫게 된다.

전쟁이 심어 준 나의 사명

평화롭던 고향의 기억은 6 · 25 전쟁으로 인해 급격히 변화했다. 초등학교 1학년을 마치고 광주로 이사한 지 얼마 되지 않아 전쟁이 발발하자 다시 고향으로 피난을 떠났지만, 그곳마저 인민군에게 점령되면서 우리는 고향 인근 화학산 깊숙한 곳으로 숨어들어야 했다.

산에서 굴을 파고 몸을 숨기며, 나무껍질과 풀뿌리, 심지어 개구리까지 잡아먹으며 열 달 가까운 시간을 간신히 버텨 냈다. 그 과정에서 생존을 위한 고통을 감내하는 정신력을 키워 냈다. 실제 어린 시절에 어디에서 그러한 훈련을 받을 수 있겠는가?

산등성이의 피난길에서 국군 전사자들의 시신을 모아 불태우는 광경은 정신적으로 예민한 10살 어린 아이에게 심리적으로 견디기 힘든 충격이었다. 그곳을 벗어나 야간 피난길을 걷던 이 어린 아이의 무의식에는 '나는 커서 이 땅에서 다시는 전쟁이 일어나지 않도록 하는 장군이 되겠다.'라는 아주 희미한 무의식적 다짐이 깊이 새겨졌다. 그날 밤에도 밤하늘은 맑고 별은 빛나고 있었다. 이렇게 고향에서의 별은 내 삶의 가슴에 품고 사는 별이 되었다.

누가 알았겠는가? 그 무의식적 소망이 한 아이의 운명을 정해 놓았다는 것을. 처음에는 막연했던 무의식적 소망이 점차 삶의 뚜렷한 방향성으로 자리 잡으면서, 마침내 '전쟁을 막는 장군'이 되기 위해 30여 년 동안 군인으로 봉사하는 삶의 길을 걷게 되었다. 전쟁이라는 극한의 경험이 역설적으로 삶의 목적과 사명을 찾게 해 준 것이다.

고향의 씨앗, 평생의 열매

고향은 단순히 태어난 장소가 아닌, 꿈의 씨앗을 심고 그 뿌리를 내릴 수 있게 해 준 소중한 토양이었다. 당산나무 아래에서의 놀이, 겨울 들판의 고요, 할머니의 자장가, 홀로 걸었던 등하굣길, 그리고 전쟁의 혹독한 경험들, 피난길에서의 무의식적 다짐이 모두 모여 삶의 방향성과 내면의 힘을 형성해 주었다.

씨앗은 심는 것으로 끝나지 않고 꺾이지 않게 지키고, 썩지 않게 믿어 주는 과정이 필요한 것처럼, 나는 오랜 시간 그 꿈을 소중히 품어왔다. 어린 시절 길러진 의지와 회복탄력성이라는 삶의 근육으로 수많은 파도를 건너 결국 나만의 고유한 길을 만들어 낼 수 있었다.

이제 나는, 오랜 세월 가꿔 온 삶의 나무 아래 앉아 있다. 바람에 흔들리는 잎사귀, 그늘을 드리우는 햇살을 느끼며, 홀로 걸어온 그 길을 천천히 떠올린다. 전쟁 속에서 움튼 꿈, 고된 시간을 지나온 여정이 지금 어딘가에서 지쳐 있을지 모를 누군가에게 작은 위로와 용기가 되기를 소망한다. 고향에서 시작된 꿈의 씨앗은 이제 누군가에게 그늘을 내어 주는 단단한 나무가 되었고, 그 열매는 다시 새로운 씨앗이 되어 다른 이들의 가슴속에 심어질 준비를 하고 있다.

당신에게 던지는 코칭 질문

어린 당신을 키워 준 고향은 어떤 곳입니까?

그림 | 박창규 · ChatGPT

할머니는 자장가를 불러 주셨다.

"별 하나, 나 하나. 별 둘, 나 둘."

그것은 내 영혼에 처음으로 새겨진 소리였다.

꿀빵 소년의 이정표가 된 세 개의 별

꿀빵이라 불린 소년의 시작

전쟁의 포연이 걷히고 우리 가족이 광주로 돌아왔을 때, 나는 이미 한 학년을 놓친 아이였다. 함께 뛰놀던 친구들은 모두 한 단계 위로 올라가 있었고, 익숙했던 교실마저 낯선 공간이 되어 버렸다. 나는 어디에도 속하지 못한 채 홀로 떠도는 존재처럼 느껴졌다.

아버지를 여읜 우리 집에는 전쟁보다 더 혹독한 생계라는 현실이 기다리고 있었다. 바로 위 형은 중학교를 그만두고 장사에 뛰어들었고, 어머니는 집 앞에 작은 구멍가게를 차렸다. 나 역시 학교를 마치면 신문을 돌리고, 찐빵과 꿀빵을 들고 거리로 나섰다. 여름이면 자전거에 아이스케키 상자를 싣고 골목골목을 누비며 "아이스케키!"를 외쳤다.

그렇게 팔던 꿀빵이 훗날 내 별명이 되었다. 지금도 사람들은 나를 '꿀빵님'이라 부른다. 어린 날의 꿀빵은 생계를 위한 것이었지만, 지금의 꿀빵은 사람들과 마음을 나누는 또 다른 방식이 되었다. 그 이름 속엔 꿈꾸는 어린 시절의 도전과 끈기 그리고 가족을 위한 땀, 그리고 작지만 단단했던 꿈이 녹아 있다.

운명을 바꾼 무지개 위의 별

초등학교 5학년 어느 날, 수업을 마치고 집으로 돌아가던 길에서 나

Leadership Coaching

는 내 인생을 송두리째 바꾼 광경을 목격했다. 산마루 위로 무지개가 아치처럼 걸려 있었고, 그 끝자락 위로 한낮의 하늘에 별 하나가 선명히 떠 있었다. 맑은 날 대낮에 별이라니, 나는 눈을 비비고 몇 번이고 깜빡여 보았지만, 별은 변함없이 그 자리에서 나를 바라보고 있었다.

나는 그 자리에 못 박힌 듯 멈춰 섰다. 마치 하늘이 내게 직접 말을 거는 것 같았다. "이것이 네 미래이다." 그날부터 나는 그 별을 가슴에 품고 살아갔다. 현실이 아무리 고되고 절망스러워도 내 안에는 언제나 그 무지개 위의 별이 조용히 떠 있었다.

세월이 흘러 내가 리더십코칭센터라는 회사를 세우게 되었을 때, 나는 자연스럽게 그 별을 회사 로고로 삼았다. 단순한 기억이 아니라 삶을 이끌어 준 내면의 빛이었기 때문이다.

세 개의 별이 전한 메시지

돌이켜보니 내 인생에는 늘 별이 함께했다. 무지개 위의 별만이 아니었다. 어린 시절 할머니 무릎에서 자장가를 들으며 바라보던 별, 6 · 25 전쟁의 피난길에서 불타는 하늘 아래 묵묵히 빛나던 별, 그리고 산마루 무지개 위에서 마주한 한낮의 별까지.

이 세 개의 별은 서로 다른 시기에, 서로 다른 얼굴로 내게 말을 걸어왔다. 하나는 내가 어디에서 왔는지를, 하나는 세상이 어떻게 작동하는지를, 하나는 어디로 가야 하는지를 알려 주었다. 나는 그 별들의 물음에 삶으로 대답하며 지금까지 살아왔다.

자장가 속의 별 – 존재의 뿌리를 찾다

가장 먼저 찾아온 별은 자장가 속의 별이었다. 여름밤 마당 평상에 누워 모깃불 연기 너머로 바라보던 별들. 옆에서 할머니가 불러 주시던 자장가가 지금도 귓가에 맴돈다. “별 하나, 나 하나. 별 둘, 나 둘.” 그 단순한 소리는 마치 별의 수만큼 나를 세어 주는 사랑의 주문 같았다.

그 별은 나를 처음으로 ‘사랑받는 존재’로 느끼게 해 준 빛이었다. 어떤 말보다 따뜻했던 숨결과 체온으로 전해진 무조건적 사랑. 그 별은 내가 세상에 환영받고 태어났다는 사실과 내가 존재할 이유가 있다는 감각을 처음 일깨워 준 근원의 별이었다.

전장의 별 – 어둠 속에서 발견한 진리

두 번째 별은 전장의 별이었다. 6 · 25 전쟁의 피난길, 화학산 자락의 밤. 불타는 국군 병사의 시신과 시꺼먼 연기 앞에서 말문이 막혔던 순간, 겁에 질린 나는 본능처럼 하늘을 올려다보았다.

거기에도 별은 있었다. 불길과 혼돈 속에서도 여전히 묵묵히, 똑같은 빛으로 그 자리를 지키고 있었다. 그 별을 보며 나는 깨달았다. 절망 속에도 빛은 존재한다는 것을, 고통을 견디며 꿈을 꾸는 것이 가능하다는 것을. 그 별은 혼돈 속에서 희망을 비추는 진리의 별이었다.

무지개 위의 별 – 방향을 부르는 초대

마지막 별, 무지개 위의 별은 나를 '되어 가는 존재'로 초대했다. 단순히 무엇이 될 것인가를 묻는 별이 아니라 어떤 존재로 살아갈 것인가를 묻는 별이었다.

그날 이후 나는 막연한 희망이 아닌 명확한 방향을 품은 사람이 되고자 했다. 무지개 끝에서 만난 그 별은 나의 나침반이 되었고, 그 방향은 결국 나의 삶의 방식이자 정체성이 되었다.

내가 별이 되어 가는 시간

세 개의 별이 내게 던진 질문들. "너는 어디에서 왔는가?" "이 세상을 어떻게 견딜 것인가?" "너는 어떤 사람이 되어 갈 것인가?" 나는 그 질문들에 매 순간의 선택과 실천으로 대답하며 살아왔다.

지금도 별을 보면 나는 그 시절의 나와 다시 만난다. 자장가를 들으며 평상 위에 누웠던 어린 나, 피난길에서 하늘을 올려다보던 나, 무지개 아래에서 미래를 품었던 소년. 그들은 모두 내 안에 살아 있다.

별은 더 이상 하늘에만 있지 않다. 어느새 나는 그 별들을 품고 살아가는 사람이 되었다. 내 말 한마디, 내 걸음 하나에도 그 별의 빛이 조용히 깃들어 있다.

이제 내 삶도 서서히 저물어 간다. 그러나 그 별은 여전히 내 가슴에서 빛나고 있다. 누군가 길을 잃고 잠시 멈춰 선 순간, 자기 안의 별 하나를 다시 만날 수 있다면, 그는 더 이상 혼자가 아닐 것이다. 그 별은 그를 지탱하고, 그 빛은 또 다른 이의 밤을 비출 것이다. 그렇게 나도 어느새 누군가의 밤하늘을 비추는 별이 되어 가고 있다.

별은 우리 안에 있었고, 또 누군가의 밤하늘에도 떠 있다. 별은 마음속 깊은 곳에 오래 머물다, 어느 순간 우리 삶을 다시 이끈다. 우리는 그렇게, 별에서 별로 이어지는 존재였으면 한다. 별은 나에게 물었고, 나는 별에게 삶으로 대답했다. 이제 나의 삶이 별이 되어 또 다른 누군가에게 조용히 말을 걸었으면 좋겠다.

당신에게 던지는 코칭 질문

당신이 일생을 통해 품게 된 별은 어떤 것입니까?

그림 | 박창규 · ChatGPT

나는 세 개의 별과 함께

자라고, 울고, 걸어왔다. 별은 나에게 물었고,

나는 별에게 삶으로 대답했다.

이제 나의 삶이 별이 되어

또 다른 누군가에게

조용히 말을 걸었으면 좋겠다.

가능성을 깨운 선택의 날들

아주 작은 자극으로도 가능성이 깨어난다

우리는 살아가며 크고 작은 선택 앞에 선다. 어떤 선택은 인생의 방향을 바꾸고, 어떤 선택은 꿈을 현실로 이끈다. 하지만 모든 선택이 명확한 결심이나 극적인 계기에서 비롯되는 것은 아니다. 때로는 무의식 깊은 곳에 잠들어 있던 가능성이, 아주 작은 자극을 만나 깨어나기도 한다.

꿈은 씨앗과 같다. 처음엔 보이지 않지만, 마음 깊은 곳에서 자라며 제때를 기다린다. 그 씨앗은 돌보고 기다리면, 언젠가 커다란 나무가 되어 그늘을 드리운다. 어두울수록 더 선명하게 빛나는 별처럼, 꿈은 멀리서 보면 아름답고, 다가가면 또 다른 출발이 기다린다. 중요한 건 그 꿈이 이미 우리 안에 존재하고 있다는 사실이다.

꿈을 찾아 걸어온 여정

중학교 시절의 전환점

중학교 2학년 때, 지리 선생님이 수업 중 이렇게 말씀하셨다. "나라를 지키는 장군이 되려면 육군사관학교에 가야 한다." 그 말 한마디가 내 안에 있던 무언가를 건드렸다. 피난길에서 마주했던 군인의 시신들, 그 기억이 다시 떠올랐고, 나라를 지키는 사람이 되고 싶다는 어린 날의 다짐이 다시 살아났다.

그날 이후, '육군사관학교'라는 단어는 내게 단순한 진로가 아닌 하나의 이정표가 되었다. 막연했던 꿈은 모양을 갖췄고, 작은 불씨처럼 내 마음속에서 타오르기 시작했다. 동시에 물음도 생겼다. '과연 내가 그 길을 걸어 낼 수 있을까?' 그러나 돌아보면, 그 두려움조차도 꿈의 일부였다. 꿈은 언제나 설렘과 불안을 함께 데려오기 때문이다.

고등학교 시절, 운명을 받아들이기까지

중학교에서 받은 자극은 결심이라기보다는 가능성이었다. '한번 가 볼까?' 하는 희망이 조심스럽게 마음속에 자리 잡았지만, 아직 결정이라 부르기는 어려웠다. 시골에서 도시로 올라와 낯선 환경에 적응하면서 나는 자주 내 길을 고민했다. 친구들의 명문대 진학 계획을 들을 때면 내 꿈은 쉽게 흔들렸다. 준비되지 않은 나 자신과 마주하는 일도 잦았다.

그러다 고등학교 진학 후 담임 선생님과의 첫 면담 자리에서 내가 생각하고 있는 진로에 대해 물으셨다. 나는 주저 없이 말했다. "육군사관학교에 입학해서, 장군이 되고 싶습니다." 내가 그렇게 또렷하게 말할 줄은 나 자신도 몰랐다. 내가 나에게 확인 질문을 할 정도였다. "야, 박창규, 네 말이 맞아?" 그 순간, 오래전부터 내 안에 있던 무언가가 문을 열었다. 그건 새롭게 생긴 욕망이 아니라, 이미 자라나 있었던 꿈이 마침내 말이 된 순간이었다. 나는 알게 되었다. 꿈은 어느 날 갑자기 떠오르는 환상이 아니라, 내면 깊숙이 자라난 목소리라는 것을. 그 목소리를 듣고 받아들이는 순간, 선택은 시작된다.

실천의 시간

결심은 곧 행동으로 이어졌다. "그래, 그렇다면 준비하자." 육군사관학교에 가기 위해선 공부만으로는 부족했다. 나는 체력과 정신력을 기르기 위해 유도부에 들어갔다. 매일 훈련했고, 고3 때는 유도부장으로 전국체전에 출전했다. 육군사관학교에 입학 후엔 공인 3단을 받아 유도 사범을 보좌하며 수련을 이어갔다. 미국에서 군사훈련을 받는 동안엔 부사범으로 외국군에게 유도를 가르치기도 했다.

하지만 나는 단지 몸만 단련한 것이 아니었다. 장군이 되기 위한 리더십 자질을 기르기 위해 학교의 청소년 적십자 단장, 학생회장으로서 활동도 했다. 고3 때 4 · 19 학생 운동이라는 격동의 시기를 맞이하면서 리더로 고민하고 책임지는 법도 배웠다. 고등학교 시절은 단순히 '학생'으로만 보낼 수 있는 시간이 아니었다. 공부, 운동, 리더십 활동을 병행하며 나는 '장군의 길'을 삶으로 훈련하고 있었다.

여러 가지 일에 지칠 때면 밤하늘을 올려다보며 조용히 되묻곤 했다. '나는 정말 이 길을 끝까지 갈 수 있을까?' 그러면 마음 깊은 곳에서 응답이 들려왔다. '할 수 있다. 이미 너는 그 길 위에 있다.'

선택은 결코 우연이 아니다

별빛을 따라 걷는 이들에게 말하고 싶다. 사실은 나 자신에게 하는 말이다. 나에게 선택의 순간은 극적이지 않았다. 그건 감정의 폭발이 아니라, 오랜 시간 내 안에 숙성된 가능성이 적절한 질문과 만나 드러나는 과정이었다.

말 한마디가 선택을 이끄는 듯 보일 수도 있다. 하지만 실은, 그 선택은 이미 오래전부터 내 안에 자라나고 있었던 것이다. 그것은 충동이 아니라, 삶이 축적해 온 응답이었다. 중요한 건 그 조용한 목소리를 들을 수 있는 감수성 그리고 그 목소리를 따라 끝까지 걸어가는 용기이다. 선택은 결코 우연이 아니다. 그것은 자신도 모르게 준비해 온 삶이 마침내 '그때'를 만나 응답하는 방식이다.

우리는 무언가를 선택한다고 믿는다. 그러나 진실은, 오랫동안 숨겨 두었던 진심 하나를 마침내 꺼내 드는 것이다. 그 진심이 내면의 빛과 만날 때, 선택은 확신이 되고 그 길은 삶이 된다.

지금 이 순간, 당신 안에도 말로 설명할 수는 없지만 언젠가 반드시 반응할 무언가가 조용히 숨 쉬고 있을지도 모른다. 그것이 바로, 당신의 꿈이다. 그 꿈이 아직 작고 희미하더라도 결코 헛된 것이 아니다. 오히려 그것은 당신을 가장 당신답게 만드는 길일 수 있다.

당신의 별빛은 지금도 머리 위 어딘가에서 은은하게, 그러나 분명히 빛나고 있다. 그 빛을 마음에 품고 걸어가길 바란다. 그 길은, 분명 당신을 비추게 될 테니까. 나에게 그랬던 것처럼.

당신에게 던지는 코칭 질문

당신의 '무의식 깊은 곳에 잠들어 있던 가능성'을 '말로 또렷하게 꺼내게' 만든 순간은 언제였습니까?

그림 | 박창규 · ChatGPT

선택은 결코 우연이 아니다.
그것은 자신도 모르게 준비해 온 삶이
마침내 '그때'를 만나 응답하는 방식이다.

낯선 세계, 꿈의 첫걸음

첫 발걸음, 낯선 세계의 문턱에서

육군사관학교에 입학하던 날, 내 가슴은 설렘과 두려움으로 가득했다. 줄지어 선 예비 생도들 사이에 나도 섰고, 처음 군복을 입고 마주한 나의 모습은 낯설었지만 묘하게 벅찼다.

"이제 진짜 군인의 길을 걷게 된 걸까?"

기쁨 뒤에는 질문이 따라왔다. 과연 훈련을 견딜 수 있을까? 동기들과 잘 어울릴 수 있을까? 무엇보다, 이 길을 끝까지 걸어갈 수 있을까?

첫 해의 생활은 '낯섦'과의 싸움이었다. 기상나팔 소리에 잠을 깨고, 군기가 바짝 든 선배들의 눈빛을 마주하며, 먼지가 흩날리는 교정을 달렸다. 반복되는 훈련과 규율 속에서 몸은 지쳤지만, 다행히도 내 곁엔 늘 동기생들이 있었다.

특히 새벽 구보 시간. 어둠을 뚫고 들려오던 동기들의 함성은 내게 깊은 울림을 주었다. 우리는 함께 달렸고, 달리다가 넘어진 뒤엔 서로를 일으켜 세웠다. 폭우 속 진흙탕에서 내 손을 끌어 준 동기, 혹한기 훈련 중엔 서로의 체온으로 버티던 밤. 그 순간들 속에서 우리는 단순한 친구가 아니라, 서로의 버팀목이 되었다.

훈련과 학업, 이중의 벽 앞에서

학교에 등록하자마자 육군사관학교의 본격적인 시험이 시작되었다. '비스트 트레이닝(Beast Training)'이라 불리던 한 달 간의 혹독한 훈련은 육체와 정신을 동시에 시험하는 시간이었다. 기어서 전진하고, 새벽을 함께 달렸으며, 땀으로 젖은 몸을 끌고 다시 하루를 시작해야 했다. 이 고통을 견디지 못해 자퇴하는 친구들도 있었다.

그런 가운데, 우리는 '전우'라는 개념을 이해해 갔다. 기초 훈련이 끝나자 곧바로 이학사 자격과정의 학습과 더불어 군인다운 내무 생활을 병행하기 시작했다. 고등학생 수준에서 갑자기 높아진 학업 수준은, 마치 벽처럼 높게 느껴졌다. 군사학 외에도 철학, 물리학, 기계학…… 낯설고 막막한 분야가 계속되었다. 하루 종일 훈련으로 지친 몸을 이끌고 학습시간을 위해 정해진 저녁 시간마다 책상 앞에 앉는 일은, 육체보다 정신을 더 시험했다.

정서적 메마름, 그 외로움의 이름

술, 담배, 여자. 소위 '삼금(三禁)'시대라고 불리는 제한 속에서 청춘은 차갑고 질서 있게 흘러갔다. 나는 주말이 되어도 특별히 갈 곳이 없었다. 서울은 전라도 촌놈인 내겐 낯설었고, 가까운 친척조차 없었다. 나는 운동장과 도서관을 전전하며 많은 시간을 보냈다. 외로움과 긴장 속에서 지내던 날들, 의지를 아무리 다잡아도 마음속 허기는 쉽게 채워지지 않았다. 청춘만이 누릴 수 있는 사랑과 고독, 기쁨과 아픔을 자유롭게 나눌 수 없었던 시절이었다. 그 결핍은 시간이 지난 지금도 아쉬움으로 남아 있다. 친구들 사이에서 돌던 말, "세상에서 제일 슬픈 사람은 군인의 여자친구"라는 농담은 내게는 농담처럼 들리지도 않았다.

정서적으로 메마른 시간 속에서 나는 자주 내 감정을 숨겼다. 따뜻한 손길 하나, 진심 어린 대화 한 줄이 간절했던 시간이었다. 그러나 그 외로움은 오히려 내면을 단단하게 다져 주는 기회가 되었다. 감정적으로 기대기 어려운 환경에서 길러진 정서적 독립성은 이후 지휘관으로 성장해 가는 데 있어 든든한 밑거름이 되었다. 외로움이 나를 무너지게 하기보다는, 조용히 나를 키워 주고 있었다.

판단과 책임, 지휘관으로의 성장

3학년으로 올라서면서, 나는 더 이상 체력 단련이나 학과 공부만으로는 채울 수 없는 어떤 과제 앞에 서 있었다. 이제 육군사관학교는 '몸을 쓰는 곳'이 아니라, '머리와 가슴을 함께 쓰는 공간'이 되었다. 판단력과 책임감, 그리고 리더십의 본질이 무엇인지 끊임없이 질문받는 시기였다. 단순한 복종이나 반복이 아니라, 상황을 읽고 결단을 내리는 능력이 요구되었고, 그 결단이 동료들의 생사와 사기를 좌우할 수 있다는 사실이 마음을 무겁게 했다.

모의 전투 훈련 중, 예상치 못한 변수로 모든 계획이 무너진 일이 있었다. 모두가 순간 멈칫했던 그 찰나, 나는 누가 시킨 것도 아닌데 먼저 움직이고 있었다. "나를 따라와!"라는 외침이 입 밖으로 터져 나왔고, 나는 가장 위험한 측면을 먼저 돌파하며 길을 만들었다. 신기하게도, 동기들이 그 길을 함께 내디뎠다. 그 순간, 지휘관이란 명령하는 자리가 아니라, 함께 길을 찾는 자리가 되어야 함을 깨달았다.

그 행동 하나가 하루아침에 만들어진 것은 아니었다. 이전 학년 동안 축적된 수많은 경험들 — 추위 속에서 서로의 담요를 나눠 덮던 순간, 지친 밤에 말없이 등을 토닥이던 기억들, 쓰러진 동기를 일으켜 세우던 손길 — 그 모든 전우애와 인내가 내면의 단단함을 길러 주었다. 그렇게 몸에 밴 책임감과 마음속에 스며든 동료 의식이, 결정의 순간에 주저하지 않게 만들어 주었다.

결국, 리더십은 목소리의 크기에서 나오는 것이 아니라, 함께 견뎌 온 시간 속에서 나오는 신뢰의 깊이였다. 내가 내리는 결정 하나하나가 동료들의 삶에 닿을 수 있다는 사실 앞에서, 나는 매 순간 더 신중하고 더 무겁게 고민하기 시작했다. 그리고 바로 그러한 순간을 거쳐, 나는 한 걸음 더 지휘관으로 성장해 나가고 있었다.

초심으로 돌아가 다시 걷는 길

4학년이 되자 졸업과 임관, 부대 배치가 현실로 다가왔다. 나는 다시 스스로에게 물었다.

"나는 왜 이 길을 선택했는가?"

그 답은 분명했다. 이 길은 나만을 위한 길이 아니었다. 어린 시절 전쟁의 참혹함을 겪으며 다짐했다. 이 땅에 다시는 그런 비극이 일어나지 않기를. 그 소망이 나를 이 길로 이끌었고, 지금도 여전히 이끌고 있다.

졸업식 날, 광주에서 올라온 어머니와 두 형님들의 눈빛 속엔 말로 다 표현할 수 없는 자부심과 기대가 담겨 있었다. 나는 조용히 다짐했다. "초심을 잃지 말자. 내가 선택한 이 길에서 끝까지 최선을 다하자."

육군사관학교에서 처음 내디뎠던 한 걸음. 그날의 설렘과 떨림은 지금도 내 안에서 살아 숨 쉬고 있다. 삶의 한 걸음마다 피어나는 '꿈'은 지금도 나를 앞으로 나아가게 한다. 그 꿈은 계속된다. 지금도 우리는 서로를 학교에 들어왔을 때의 입학번호, 즉 '교번'으로 부르기도 한다. 입학 60년이 지난 지금에도, 그 시절은 여전히 그렇게 살아 있다. 그 이름 하나하나가, 그 시절이 우리 안에 아직도 살아 있다는 증거이다.

당신에게 던지는 코칭 질문

당신이 걷고 있는 이 길의 '초심'은 무엇입니까?

그림 | 박창규 · ChatGPT

감정적으로 기대기 어려운 환경에서

길러진 정서적 독립성은

이후 지휘관으로 성장해 가는 데 있어

든든한 밑거름이 되었다.

살아 낸 날들이 만든 단단한 리더십

생명의 무게를 마주하며 단단해진 시간들

어린 시절부터 품어 온 꿈이 있었다. 그 꿈은 단순한 동경이 아니었다. 전쟁의 상처를 지나며 다짐한 것이었고, 삶의 방향이자 존재의 이유가 되어 주었다. 그 꿈을 이루기 위해 중·고등학교 시절부터 준비했고, 마침내 육군사관학교에 입학했다. 4년 동안의 견디기 힘든 훈련과 배움, 부딪힘과 인내의 시간을 지나 드디어 장교로 임관했다.

육군사관학교 졸업 후 배치 받은 곳은 철원의 전방 부대였다. 국토방위의 최전선이자, 실전 대비가 일상이 되는 자리였다. 기대와 긴장, 벅참과 두려움이 뒤섞인 채로 나는 실무에 들어섰다. 그리고 그곳에서 처음 알게 되었다. 내가 준비해 온 것과 마주한 현실은 결이 다르다는 것을. 그 차이를 메운 건, 책에서 배운 전술도, 전략도 아니었다.

시간이 흐를수록 분명해졌다. 나를 진짜로 만든 것은 눈에 보이는 성과나 외형이 아니었다. 학위나 직함, 경력서에 적힌 업적이 아니라, 그보다 훨씬 조용하고 깊은 것들이 내 안을 서서히 채우고 있었다. 온몸으로 부딪히고, 마음으로 견뎌 낸 시간들이었다. 실패를 반복하고, 누군가의 눈빛에서 책임을 느끼며, 때로는 생명의 무게를 마주하며 조금씩 단단해진 시간들이었다.

특히 초급 장교 시절, 철원의 혹독한 겨울과 함께 지낸 나날들은 내 리더십의 뿌리 일부를 단단히 형성한 시간이었다. 명령과 지휘만으로는 움직일 수 없는 경우가 많이 있다는 것을 알게 되었고, 말보다 먼저 전해야 하는 마음이 있다는 것도 깨달았다. 병사들과 함께 숨 쉬고, 고통을 나누며, 이름 모를 이야기 속에 귀 기울이는 법을 배운 그 시절이 지금의 나를 만들었다.

리더십은 전략이나 명령으로만 이루어지지 않는다. 함께 견디는 시간 속에서 신뢰가 자라고, 그 신뢰 위에 공동체가 세워진다. 그런 순간들이 쌓이며 나는 리더십을 체득해 나갔다. 그리고 지금 돌아보면, 그 모든 과정은 눈에 보이지 않지만, 분명히 존재하는 자산이 되어 내 삶을 지탱해 주고 있다.

공감에서 시작된 리더십

철원 지역 전방 부대로 첫 발령을 받았을 때 그곳에는 장교 숙소가 없어, 당분간 병사들과 같은 내무반에서 생활해야 했다. 처음에는 낯설고 불편했다. 그러나 돌이켜 보면, 그 시간이야말로 내게 가장 유용한 배움의 시작이었다.

병사들과 같은 시간에 기상하고, 같은 식당에서 식사하며, 같은 공간에서 잠을 청하면서 나는 계급장 너머의 소통을 배웠다. 점호가 끝난 후, 모두가 눕고 난 조용한 밤이면 병사들의 고향 이야기와 그리움이 흘러나왔다. 나는 그들의 말 속에서 꿈과 두려움, 희망과 고단함을 함께 느꼈다. 병사들은 더 이상 단순한 지휘 대상이 아니라, 저마다의 사연을 품은 동료로 다가왔다.

그러던 어느 겨울 아침, 발뒤꿈치 통증에 잠에서 깼다. 자세히 보니 쥐가 각질을 갉아먹은 흔적이 남아 있었다. 당황한 내 표정을 본 한 병사가 웃으며 말했다.

"저도 그런 적 있어요. 여기선 다들 겪는 일이죠."

그 말을 듣자 다른 병사들도 따라 웃었고, 나도 같이 웃을 수밖에 없었다. 그 순간 알았다. 이것이 전우애라는 것을. 서로의 불편함을 함께 견디고, 서로의 삶을 조금씩 나누며 쌓아 가는 정. 그 웃음 속에는 고된 군 생활을 이겨 내는 연대의 힘이 담겨 있었다.

그날 이후, 나는 지휘자 이전에 한 명의 사람으로 병사들과 마주하기로 마음먹었다. 수많은 명령과 결정을 내려야 하는 순간에도, 나는 늘 그 내무반의 웃음소리를 마음에 품었다. 그것이 내 리더십의 첫 뿌리였고, 나를 이끄는 잊지 못할 목소리였다.

진정한 리더십은 명령과 복종이 아니라, 이해와 공감에서 비롯된다는 사실. 내가 배운 가장 소중한 교훈은 그곳, 가장 낮은 자리에서 시작되었다.

정신력은 조용한 결심이다

장교 막사가 마련된 뒤에도 생활은 여전히 거칠었다. 병사들이 정성을 다해 손수 흙을 쌓아 올려 준 장교 막사는 마음은 따뜻했지만, 철원의 겨울바람까지 막기에는 역부족이었다. 막사 안에는 연탄난로 하나가 전부였고, 바람이 거센 날이면 그것마저도 무력했다.

어느 겨울밤, 바람이 굴뚝을 타고 역류하며 연탄가스가 조용히 방 안으로 스며들었다. 새벽녘, 몸을 일으키려 했으나 사지가 말을 듣지 않았고, 숨이 점점 가빠 왔다. 의식은 흐려지고 온몸은 무거워졌다. '연탄가스'라는 단어가 희미하게 떠오르자, 본능적으로 문 쪽으로 기어갔다. 손끝이 문고리에 닿는 순간, 차가운 공기가 밀려들었고, 숨이 트이자 격렬한 구토 및 배설과 함께 온몸의 긴장이 풀렸다. 바닥에 엎드린 채 한참을 버틴 뒤에야 겨우 정신을 수습할 수 있었다. 그 순간, 살아 있다는 기쁨보다도 먼저 떠오른 감정은 '죽지는 않았구나.' 하는 조용한 안도였다.

하지만 그런 상태에서도 아침 9시에는 사단 본부 간부 교육 강사로 나서야 했다. 속은 울렁거렸고 몸은 무거웠지만, 이미 정해진 약속이었다. 대신해 줄 사람도, 미룰 수 있는 여지도 없었다. 시간을 맞춰 강의실에 섰고, 목소리를 짜내어 끝까지 내용을 전했다. 강의가 끝난 뒤에야 의무대를 찾았다.

그날, 나는 처음으로 깨달았다. 정신력은 근육이 아니라, 책임 앞에서 솟아나는 조용한 결심이라는 것을. 고통은 여전했지만, 책임은 그보다 더 무거웠고, 결국 몸은 마음을 따라 움직였다.

살아 낸 날들이 결국 나를 만들었다

며칠 뒤, 또 하나의 위기가 닥쳤다. 고지대 부대를 지원하러 가던 중, 눈길에서 트럭이 계곡 밑으로 미끄러져 내려갔다. 중심을 잃은 차 안에서 반사적으로 몸을 낮췄고, 다행히 차량이 전복되지는 않아 큰 부상 없이 살아남을 수 있었다. 가까스로 충격을 피하고 나서야 숨을 돌릴 수 있었다. 그날 저녁, 거울 앞에 선 나는 조용히 물었다.

"오늘도 무사히 보냈나? 하하."

말끝에 덧붙인 짧은 웃음은 다행이라는 안도와, 살아남았다는 실감이 뒤섞인 것이었다. 그런 나날들이 쌓여 가면서 나는 알게 되었다. 정신력이란 대단하거나 특별한 능력이 아니다. 그것은 흔들리지 않으려는 한 사람의 고요한 결심이며, 주어진 자리를 묵묵히 지키고자 하는 다짐이다. 두려움은 없애는 것이 아니라, 데리고 함께 가는 것이며, 책임은 짊어지는 것이 아니라 살아 내는 것이다.

아무도 지켜보지 않는 순간에도 물러서지 않으려 했던 그 마음, 그 태도가 결국은 나를 단련시켰다. 위기를 이겨냈다 것보다는, 그 위기 속에서 살아 냈다는 말이 더 어울린다. 그렇게 하루를, 또 하루를 견디며 나는 조금씩 단단해져 갔다.

내면의 강철은 타고나는 것이 아니라, 불꽃 속에서 서서히 단단해지는 것이다. 살아 낸 날들이 결국 나를 만들었다. 불은 나를 태우지 않았다. 나를 단단하게 만들었을 뿐이다.

거칠고 고단한 과정에서 빚어지는 성장

철원 평야에서의 나날은 거칠고 고단했지만, 그 속에는 깊은 배움이 숨어 있었다. 우리는 간첩 침투를 막기 위한 DMZ 나무 방책 설치 작업에 투입되었다. 새벽 4시에 기상해 하루 종일 추운 겨울에도 땀을 흘렸고, 밤이 되면 다시 야간 순찰을 나가야 했다. 그렇게 몇 달에 걸쳐 온몸과 마음을 다해 쌓아 올린 방책은, 다음 해 철조망으로 교체되었다.

처음에는 허탈함이 몰려왔다. 애써 쌓아 올린 것이 너무도 쉽게 사라졌고, 들인 노력에 비해 남는 것이 없는 듯했다. 그러나 시간이 흐르면서, 나는 그 작업을 통해 더 본질적인 가치를 얻었다는 것을 깨닫게 되었다. 진정한 가치는 눈에 보이는 결과가 아니라, 그 과정을 통해 함께 만들어 가는 힘에 있다는 사실이다. 나무 방책은 사라졌지만, 그것을 세우는 동안 함께 나눈 협동심과 묵묵히 견뎌 낸 인내심은 고스란히 우리 안에 남았다. 성과는 외부의 평가나 상황에 따라 달라질 수 있지만, 그 과정에서 쌓인 내면의 성장은 누구도 빼앗을 수 없는 자산이 되었다.

전방 관측소에서의 기억도 깊이 남아 있다. 철원 평야를 감시하는 임무는 열 명 남짓의 병사들이 교대로 24시간을 이어 가며 수행했다. 숫자가 적었던 만큼 서로에 대한 의존도는 컸고, 그만큼 관계는 더 단단해졌다. 그 가운데 한 병사는 계절이 바뀔 때마다 산에서 나물을 캐와 반찬을 만들어 주곤 했다. 그 소박한 정성은 말없이 우리에게 다가왔고, 팍팍한 일상 속에 가족 같은 따뜻함을 불어넣어 주었다.

그 일을 통해 나는 리더십에 대한 또 하나의 중요한 깨달음을 얻었다. 리더십은 단지 명령을 내리는 자리에 있는 것이 아니라, 함께 밥을 먹고, 마음을 나누며, 삶을 공유하는 자리에서 시작된다는 것이었다. 산에서 직접 캐 온 나물 한 접시는 단순한 음식이 아니었다. 그것은 동료를 향한 조용한 배려이자, 말없이 건네는 지지와 나눔의 손길이었다. 나는 그때 처음으로 실감했다. 누군가의 마음을 얻는 리더십은 위엄보다도 온기가 먼저이며, 진심이 깃든 작은 나눔 하나가 공동체 전체의 분위기를 바꿀 수 있다는 것을.

방향을 잃지 않게 해 주는 내면의 별

나는 어린 시절부터 늘 별을 가슴에 품고 살아왔다. 구체적인 형태는 없었지만, 그 별은 내게 방향과 의미를 주는 나침반이었다. 어두운 밤하늘의 별이 더욱 빛나듯, 나의 별은 가장 어두운 순간에 더욱 선명해졌다.

연탄가스에 중독되어 죽음의 문턱에 섰을 때도, 트럭 사고의 공포 속에서도, 끝없는 작업의 피로에 지쳤을 때도, 그 별빛은 내게 앞으로 나아갈 힘이 되었다. 그 별은 단순한 목표나 야망이 아니었다. 왜 이 길을 걷는지, 무엇을 위해 견디는지에 대한 근원적인 답이었다. 내가 군인의 길을 선택한 이유, 리더가 되고자 했던 이유, 그 모든 중심에 그 별이 있었다.

이제 돌아보면, 그 별과 함께 걸어온 초급 장교 시절의 하루하루가 오늘의 나를 만든 가장 소중한 자산이었다. 공감을 통해 발견한 연대감, 위기 속에서 단련된 정신력, 과정 속에서 얻은 지혜, 그리고 모든 순간을 이끌어 준 내면의 별. 이 모두가 조화롭게 어우러져 나의 리더십이라는 독특한 형태를 빚어냈다.

군인의 삶은 바람과도 같다. 때로는 거세고, 때로는 조용히 스며들며 우리를 단련시킨다. 철원 평야의 바람은 지금도 내 귓가에 머문다. 그 바람 속엔 군인으로서의 삶, 사명감, 그리고 함께했던 전우들의 얼굴이 실려 있다. 예비역이 된 지금, 그 시절의 공기를 다시 들이마시고 싶은 마음이 문득문득 올라온다.

삶은 언제나 평탄하지 않다. 누구에게나 시련은 찾아오고, 피한다고 해서 줄어드는 것도 아니다. 중요한 건 그것을 어떻게 받아들이고, 어떻게 통과하느냐이다. 따뜻한 햇살만으로는 꽃이 피지 않는다. 고통과 시련을 지나며 자신을 단련할 때, 우리는 비로소 원하는 삶에 가까워진다.

당신에게 던지는 코칭 질문

당신 스스로 '단단한 강철'이 되었다고 느끼게 했던 혹독한 시련은 무엇입니까?

그림 | 박창규 · ChatGPT

내면의 강철은 타고나는 것이 아니라,
불꽃 속에서 서서히 단단해지는 것이다.
그렇게 살아 낸 날들이 결국
나를 만들어 가고 있었다.

골목대장에서 시작된 리더십

리더십의 시작은 동네 골목이었다

모든 거대한 여정의 시작은 작고 소박하다. 리더십이란 것을 처음 배운 곳은 교실도, 군대도 아니었다. 시골 마을의 흙먼지 날리던 놀이터, 초가집 사이를 누비면서 아이들과의 놀이 속에서 나는 '함께'의 가치를 배웠다. 내 리더십의 첫 무대는 동네 골목길이었다. 숨바꼭질을 원하는 아이와 공놀이를 고집하는 아이들 사이에서, 나는 자연스럽게 조율자가 되었다. 시간을 나누고, 규칙을 정하며 모두가 만족할 수 있는 지점을 찾아가는 과정에서 나는 리더십의 첫 번째 리더십 별을 발견했다. 그것은 '함께'였다.

이 단순한 깨달음은 학창 시절 반장과 학생회장 역할로 이어졌고, 리더는 가장 큰 목소리를 내는 사람이 아니라 함께하면서 책임도 지는 것을 통해 믿음을 주는 사람이어야 한다는 것을 자연스럽게 배웠다. 이 첫 번째 단계는 이후 내 리더십의 방향을 결정하는 북극성이 되었다.

행동으로 하는 '동행의 리더십'

군 소대장이 되었을 때, 리더십은 더 이상 선택이 아닌 생존의 방식이 되었다. 명령의 한계를 마주한 것은 보급이 지연되어 병사들의 불만이 고조되던 그날이었다. 나는 '지시'가 아닌 '동참'을 선택했다. 장교라는 지위보다 중요한 것이 있다고 믿었기에, 병사들과 함께 육체적으로 보급품을 나르는 데 앞장섰다.

그날 병사들의 변화는 기대 이상이었다. 처음엔 의아한 시선이었지만, 함께 땀 흘리는 모습을 본 그들은 서서히 자발적으로 움직이기 시작했다. 이때 나는 리더십의 두 번째 별을 발견했다. '신뢰는 말이 아닌 행동에서 비롯된다.'는 깨달음이었다. 함께 훈련하고, 운동장을 뛰고, 야간 초병을 돌며 나눈 짧은 대화들이 쌓여 리더십의 뿌리를 더욱 깊게 내렸다.

흐름을 함께하는 '연결의 리더십'

중대장으로서의 책임은 개인과의 관계를 넘어 조직 전체를 아우르는 것이었다. 특히 월남 파병 시절, 그곳은 한 마디 말보다 팀워크와 유대감이 생사를 가르는 전장이었다. 눈빛 하나로 의사를 전달해야 했고, 단 한 사람의 실수가 모두의 위기가 될 수 있는 곳이었다.

작전 중 어려움이 발생했을 때, 나는 개인의 책임을 묻기보다 중대 전체의 호흡과 흐름이 어디서 어긋났는지를 살폈다. 전장의 긴장 속에서 작은 균열이 어떤 파장을 일으키는지 목격하며, 리더의 진정한 역할은 그 균열을 메우고 다시 연결하는 것임을 깨달았다. 이것이 '연결의 리더십'이었다.

이 연결의 감각은 소통의 방식과도 맞닿아 있었다. 내가 어떤 태도로 병사들과 대화하느냐에 따라 부대의 움직임은 확연히 달라졌다. 말투 하나, 표정 하나, 심지어 침묵 속에 담긴 눈빛 하나가 신뢰와 안정감을 전하기도, 불안과 혼란을 가져오기도 했다. 여기에서 나는 '통제'가 아닌 '연결'의 리더십이 조직을 진정으로 살아 움직이게 하는 힘임을 깨달았다. 이 깨달음은 이후 나의 리더십 여정에서 가장 큰 역할을 해 주었다.

시야를 넓혀 가는 '통합의 리더십'

대대장, 연대장이 되면서 리더십의 차원은 또 한 번 확장되었다. 천 명이 넘는 인원을 지휘하는 위치에서는 전투력과 조직력을 넘어, 서로 다른 색깔을 가진 단위부대들을 하나의 방향으로 이끄는 통합의 능력이 요구되었다. 각기 다른 흐름 속에서 중심을 잡고, 다양한 에너지를 조화롭게 엮어 내는 것은 단순한 명령으로는 이룰 수 없는 과제였다.

외국군과의 연합훈련에서 이 차이는 더욱 뚜렷했다. 언어와 문화, 작전 방식의 차이가 만들어 내는 간극을 메우는 일은 새로운 차원의 리더십을 요구했다. 어떤 날은 한 단어를 설명하기 위해 오랜 시간을 들여야 했고, 때로는 말없는 눈빛만으로 의사를 전달해야 했다. 그 과정에서 나는 또 하나의 리더십 핵심을 발견했다. 그것은 '통합의 리더십'이었다.

이 통합은 단순히 이질적인 것들을 하나로 모으는 것이 아니라, 각자의 고유한 색깔을 인정하면서도 하나의 그림을 그려 내는 미묘한 균형의 예술이었다. 대대장의 자리는 높은 곳에서 지시하는 위치가 아니라, 다양한 흐름을 감지하고 하나의 방향으로 엮어 내는 통합의 중심이어야 했다. 조직의 리듬을 경청하고, 그 박자에 맞추며, 때로는 잠시 멈춰 다시 조율하는 과정을 통해 나는 리더십의 또 다른 차원을 체득해 갔다.

미래를 비추는 '비전의 리더십'

장군의 계급은 내게 또 다른 책임을 부여했다. 이제는 전술적 성공을 넘어, 조직의 사명을 분명히 하고 미래의 비전을 설계하는 일이 주요 임무가 되었다. 전장을 직접 지휘하던 리더에서, 부대 전체의 방향성과 가치 기반을 세우는 리더로의 전환이었다. 사령관으로서 나는 각 부대의 임무가 전체의 사명과 어떻게 연결되는지, 그리고 그 사명이 미래의 어떤 비전을 향해 나아가고 있는지를 끊임없이 고민했다.

이 과정에서 나는 '비전의 리더십'을 찾아냈다. 전술도, 전략도, 교육도 결국은 사람을 향한 것이며, 그 본질은 사람 안에 있다는 깨달음이었다. 사람은 단순히 지휘의 대상이 아니라, 조직의 목적을 실현하는 중심이었다. 리더의 역할은 그들을 '통제'하는 것이 아니라, 성장시키고 주도성을 북돋우며, 각자의 자리에서 빛날 수 있도록 돕는 것이었다.

특히 최초로 육군에서 공군으로 대규모 부대를 이관시키는 책임을 졌던 사령관으로서의 경험을 통해 이 깨달음이 더 깊어졌다. 같은 국군이라도 군별 문화와 정체성의 차이는 예상보다 컸고, 이는 종종 긴장과 갈등으로 이어졌다. 그럴 때마다 나는 경청과 배려로 돌아가려 노력했다. 서로의 다름을 비난하거나 획일화하려 하기보다, 다양성을 인정하고 존중하며 전략적 통합을 통해 하나의 가치로 엮어 내는 접근이 필요했다.

조직이 커질수록 중요한 것은 더 강한 통제가 아니라, 더 깊은 통합의 리더십이었다. 그 통합은 표면적으로는 임무 수행을 향하지만, 내면적으로는 공동체를 묶는 가치와 신뢰에서 힘을 얻었다. 나는 육군에서 공군으로 전군을 한 사령관으로서 통합을 위한 미래 비전을 보여 주려 했다. 그러나 지금 생각하면 아쉬운 점이 하나둘이 아닌 것을 다시 깨닫는다. 그 역량이 부족했던 점을 깨우친 것도 또 하나의 축적된 자원이지 않을까 생각한다.

축적된 리더십 지도

돌이켜 보면, 내 리더십은 어느 한 순간이나 일정한 기간 내에 완성된 것이 아니었다. 어린 시절 마음에 품었던 작은 꿈, 그 꿈을 향해 한 걸음씩 나아가던 여정, 그리고 매 순간의 선택과 결단이 켜켜이 쌓이며 지금의 리더십이 그려졌다. 골목길에서의 타협, 소대장 시절의 동행, 중대장으로서의 연결, 대대장 시기의 통합, 그리고 장군으로서의 비전을 통한 다섯 단계를 거치면서 나만의 리더십 지도가 그려졌다.

특히 주목할 점은, 계급이 올라갈수록 리더십의 본질은 '통제'에서 '연결'로, '지시'에서 '조율'로, '힘'에서 '신뢰'로 점점 더 순수한 형태로 진화해 갔다는 것이다. 마치 어린 시절 골목에서 배운 함께하는 타협과 협력의 본능으로 다시 돌아가는 듯한 순환적 여정이었다. 권력이 커질수록 오히려 본질로 돌아가는 이 역설적 흐름은, 진정한 리더십이란 결국 사람과 사람 사이의 신뢰에 기반한다는 진리를 일깨워 주었다.

그렇게 축적된 리더십의 자산은 계급장을 떼어 낸 지금까지도 내 삶을 지탱하는 든든한 기반이 되고 있다. 그것은 지위에서 오는 일시적인 권한이 아니라, 시간을 통해 체화된 지혜로 남아 있다.

다시 사람에게로 돌아가는 리더십 항해

이렇게 나는 축적된 리더십의 자산 위에 제2의 삶의 지도를 그려 나가고 있었다. 새로운 항로를 설정하는 이 순간에도, 오랜 시간 모아 온 리더십 지혜들이 모여 내면의 나침반으로서 방향을 제시해 준다. 지휘봉은 내려놓았지만, 사람을 향한 시선과 삶에 대한 태도는 여전히 나의 일부로 남아 있었다. 군복을 벗었다고 리더십까지 사라지는 것은 아니었다. 오히려 지금 이 시대는 명령보다 공감, 지시보다 경청이 더 깊이 요구되는 때임을 깨닫게 된다.

과거에는 사람들 앞에서 이끌었다면, 이제는 곁에서 함께 걷는 동반자가 되는 것이 더 중요한 시기가 되었다. 이끄는 삶에서 함께하는 삶으로, 주도에서 동행으로. 리더십의 형태는 달라졌지만, 본질은 여전히 사람을 향해 있다.

영향력을 의도적으로 행사하지 않아도, 지휘하지 않아도, 내가 살아온 방식과 말 한마디, 태도 하나가 누군가에게 조용한 등불이 될 수 있다고 믿는다. 어쩌면 리더십의 진정한 가치는 자리를 떠난 뒤에야 더 선명하게 드러나는 것인지도 모른다. 그 힘은 더 이상 지위나 권력에서 오지 않는다. 오랜 시간 축적되고 숙성된 신뢰가 지혜의 빛으로 남기 때문이다.

가슴속에 오랫동안 간직해 온 별. 어린 시절 전쟁의 밤하늘 아래 처음 발견한 그 별은 이후 수많은 밤을 지나며 내 길을 밝혀 주었다. 때로는 앞이 보이지 않는 순간에도 묵묵히 방향을 제시해 준 그 별빛은, 이제 또 다른 항해의 이정표가 되어 나를 인도하고 있다.

그리고 이 여정은 더 이상 나만의 꿈을 향한 것이 아니다. 이제는 내가 모아 온 별빛을 나누고, 다른 이들의 어둠을 함께 지나며, 다시 사람에게로 돌아가는 여정이다. 골목길에서 시작된 조화의 본능이 군인으로서의 긴 여정을 거쳐, 다시 본질적인 동행의 모습으로 회귀하는 이 순환적 여정이야말로 내 리더십이 완성되어 가는 과정이 아닐까.

은하수의 별들이 밤하늘을 수놓듯, 우리 각자의 작은 빛이 모여 세상을 밝힌다. 내 별빛이 다음 세대의 어둠을 조금이라도 밝혀 줄 수 있다면, 그것으로 충분하다. 그렇게 나는 오랜 시간 축적해 온 신뢰의 자산을, 이제는 다시 세상에 돌려주고자 하는 마음으로 살아왔다.

골목대장에서 장군까지, 그리고 그 너머로 이어지는 리더십의 별자리. 그 빛은 이제 제2의 삶을 향한 새로운 항해에서도 변함없이 나를 인도하리라 믿는다. 그리고 나는 그 별빛을 따라, 오늘도 한 걸음씩 나아간다.

당신에게 던지는 코칭 질문

경험을 통한 당신의 성숙함은 어떤 근원적인 '지혜'와 연결되어 있습니까?

그림 | 박창규 · ChatGPT

리더십을 처음 배운 곳은

교실도, 군대도 아니었다.

시골 마을의 흙먼지 날리던 놀이터,

초가집 사이를 누비던

아이들과의 놀이 속에서

나는 '함께'의 가치를 배웠다.

당신에게 던지는 코칭 질문

내 삶에 숨겨진 보물을 찾는 질문들

★ 어린 당신을 키워 준 고향은 어떤 곳입니까?

★ 당신이 일생을 통해 품게 된 별은 어떤 것입니까?

★ 당신의 '무의식 깊은 곳에 잠들어 있던 가능성'을 '말로 또렷하게 꺼내게' 만든 순간은 언제였습니까?

★ 당신이 걷고 있는 이 길의 '초심'은 무엇입니까?

★ 당신 스스로 '단단한 강철'이 되었다고 느끼게 했던 혹독한 시련은 무엇입니까?

★ 경험을 통한 당신의 성숙함은 어떤 근원적인 '지혜'와 연결되어 있습니까?

Chapter 3

새로운 항해를 시작하다

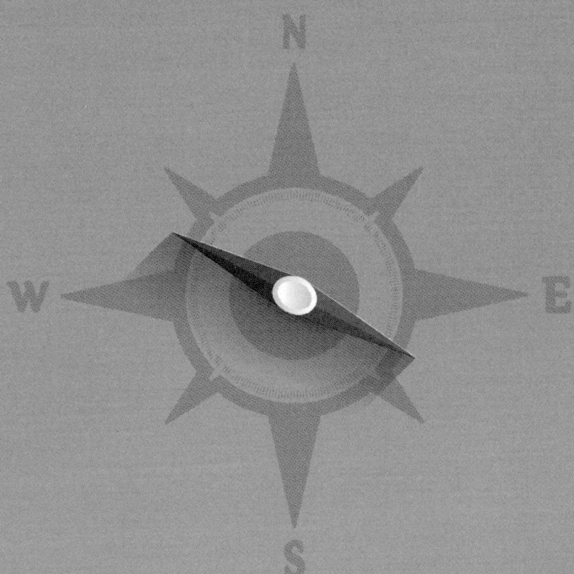

길을 잃은 자리에서 시작된 진짜 이야기

삶은 종종 익숙함이 사라지는 순간, 진짜 얼굴을 드러낸다. 30년 동안 군이라는 체계 속에서 살아왔던 나는, 은퇴라는 이정표 앞에서 비로소 '내가 누구인가'를 묻게 되었다. 더는 입을 수 없는 군복 앞에서, 나는 처음으로 '존재'라는 빈자리를 마주했다.

이 Chapter는 내가 길을 잃고 다시 길을 그리는 과정에 관한 기록이다. '리더란 무엇인가' '나는 누구로 살아갈 것인가' '어떻게 타인의 가능성에 기여할 수 있을까'라는 그 질문들을 안고 리더십과 철학, 코칭을 배우며 천천히 다시 내 삶의 길을 찾아 간 시간을 담았다.

우연처럼 시작된 시민단체와의 만남, 코칭 리더십과의 충돌, 그리고 소크라테스의 산파술에서 발견한 통찰은, 나를 더 넓고 깊은 세계로 이끌었다. 이제 나는 더 이상 '누군가의 지시를 따르는 사람'이 아니라, '자기 인생의 선장을 자처하는 사람'으로 살아간다.

이 글을 읽는 당신 또한, 어딘가에서 인생의 전환점을 고민하고 있을지 모른다. 그렇다면 분명하게 말할 수 있다. 방황은 끝이 아니라 시작이며, 길을 잃는 순간이야말로 자신과 가장 진실하게 만날 수 있는 순간이라는 것을. 이 여정을 통해 내가 배운 가장 큰 진리는 이것이다.

"우리는 누구나, 자기만의 별을 따라 항해하는 존재이다."

그리고 그 별은, 언제나 우리 마음속 깊은 곳에서 은은히 빛나고 있다.

길을 잃고 다시 그린 삶의 지도

정해진 항로가 사라진 자리에서

30년 가까이 군 조직 속에서 살아온 나는 '정해진 항로' 위를 걷고 있었다. 매일 아침 눈을 뜨면 해야 할 일이 있었고, 모든 일은 매뉴얼대로 움직였다. 질서와 역할이 나의 정체성이자 삶의 안정이었다. 그러나 예상보다 이른 은퇴는 그 질서를 무너뜨렸다.

출근복 셔츠에 무의식적으로 손이 갔던 어느 아침, 나는 문득 알아차린다. 더는 입을 필요 없는 옷이라는 사실. 나는 단지 셔츠만 벗은 것이 아니었다. 직함과 책임, 조직의 질서 전체를 함께 벗어 던졌다. 그 자리에 남은 것은 낯선 정적과 조용한 혼란이었다. 나는 어디쯤에 와 있었던 걸까.

모든 것이 멈춘 듯한 그 정적 속에서, 내면의 깊은 곳에서 질문이 떠올랐다. "나는 누구인가?" "지금 나는 어디를 향해 가고 있는가?"라는 물음이었다. 그 질문들은 처음엔 막막하고 두려웠지만, 동시에 오래전부터 나를 기다리고 있던 듯했다. 조직은 늘 방향을 정해 주었고, 나는 그에 따라 살아왔다. 하지만 이제는 아무도 내게 무엇을 하라 하지 않았다. 스스로 묻고, 스스로 답해야 했다. 자유롭지만 막막한 그 시간 속에서, 나는 처음으로 진짜 내 삶의 방향을 고민하기 시작했다. 처음에는 두려웠지만, 그 질문은 내 안의 잠든 감각을 깨우는 시작이었다.

중립지대에서 익어 가는 시간

그때 빅터 프랭클의 문장이 떠올랐다. "삶의 의미는 매 순간 새롭게 선택되는 것이다." 이 말은 나의 나침반을 깨우는 소리였다. '무엇을 할까'가 아니라 '어떤 존재로 살아갈 것인가'를 묻는 일이 중요했다. 조직의 언어 대신 나의 언어로, 명령 대신 선택으로, 기대보다 내면의 중심으로 나를 바라보려 했다. 그렇게 나는 태도와 자세에 주목하며 삶을 다시 선택하기 시작했다. 처음엔 불안했지만, 그 불안 속에는 내 안의 새로운 가능성과 열망이 함께 숨 쉬고 있었다. 그것은 오히려 두 번째 삶을 여는 문이었다. 방향을 스스로 정한다는 것, 그 자체가 가장 큰 전환이었다.

윌리엄 브리지스는 이 시기를 '중립지대'라 불렀다. 끝난 과거와 아직 오지 않은 미래 사이, 이름 없는 공간. 그 공간 속에서 나는 매일 같은 질문을 던졌다. "오늘 나는 어떤 의미 있는 일을 할까?" 혹은 "오늘 어떤 일을 하면 충만한 느낌이 들까?" 처음엔 허공에 흩어지는 듯했지만, 이 질문들은 하루를 지탱하는 나무 기둥이 되었다. 매뉴얼 없는 삶은 불안했지만, 동시에 새로운 가능성을 열어 주는 시간이기도 했다.

나는 그 중립지대에서 서서히 익어 가고 있었다. 이전보다 느리게, 그러나 더 깊게. 나라는 밀이 조용히 발효되듯, 그 시간은 나를 성숙하게 만들고 있었다. 멈춘 것처럼 보였던 그 시간 속에서, 나는 조금씩 나를 발견하고 있었다.

존재로서의 나를 다시 그리다

질문은 혼란이 아니었다. 오히려 그것은 내 안의 별빛을 따라가는 하나의 지도였다. 이전의 나는 기능과 역할로 정의되었지만, 이제는 존재 자체로서의 나를 바라보아야 했다. 성과보다 태도, 기대보다 중심, 질서보다 진정성. 그 변화는 조용했지만 뚜렷했다.

어느 날 문득, 내 안에서 한 문장이 또렷하게 들려왔다. "이제 너의 시간으로 가라." 그 말은 명령이 아니라 내면의 부름이었다. 나는 익숙한 것들과 이별을 준비했다. 여전히 두렵고 불확실했지만, 그 방향 없는 항해가 나를 더 깊은 나로 이끌고 있음을 느꼈다. 삶의 색깔을 다시 칠하듯, 나는 나라는 캔버스를 조용히 새로이 그려가기 시작했다. 그것은 재출발이 아니라, 더 나다운 존재로 되돌아가는 길이었다.

삶은 다시 시작되었다. 이번에는 속도도, 방향도 스스로 정해야 했다. 더 이상 외부의 지도가 아닌, 나만의 감각과 질문으로 길을 만들어야 했다. 방황은 더 이상 두려움이 아니었다. 그것은 나를 찾아가는 내면의 항해였고, 지도 없는 길 위에서 진짜 나를 마주하는 여정이었다.

그래서 나는 말한다. "방향이 사라진 순간, 나라는 존재만 남는다." 이 문장은 지금도 내 마음의 지도 한가운데 조용히 새겨져 있다. 먼 바다 너머, 낯선 섬 하나가 나를 부르고 있다. 그곳에서 나는 다시 삶과 대화를 시작할 것이다. 가야 할 목적지가 사라졌다고 해서 삶이 끝난 것이 아니었다. 방향을 잃은 바로 그곳에서, 나는 나를 되찾기 시작했으니까.

당신에게 던지는 코칭 질문

인생의 방향이 사라졌을 때 당신에게 나타나는 현상은 무엇인가요?

그림 | 박창규 · ChatGPT

"방향이 사라진 순간,
나라는 존재만 남는다."
방향을 잃은 바로 그곳에서,
나는 나를 되찾기 시작했다.

리더십 프로그램과의 만남

소원 대신, 질문을 던진 시간들

남태평양 사이판 섬에서의 시간은 내게 특별한 의미를 지닌다. 은퇴 후 혼란스러운 마음을 안고 떠난 그곳에서, 나는 처음으로 멈춘 채로 살아보는 시간을 가졌다. 낮에는 해변을 천천히 걸었고, 밤에는 별을 바라보며 하루를 마무리했다. 그곳의 밤하늘은 말없이 나를 품었고, 그 고요함은 내 안의 혼란을 천천히 가라앉혔다.

별똥별이 떨어질 때마다 사람들은 소원을 빌었지만, 나는 나도 모르게 여러 가지 질문을 던지고 있었다. 그건 신에게 올리는 기도가 아니라, 내 안에 있는 나에게 건네는 조용한 물음이었다. 그 물음들은 선명한 답을 주지 않았지만, 오히려 어떤 대답보다 더 크고 넓은 길로 나를 이끌었다. 그곳에서의 고요한 성찰의 시간은, 내게 삶을 다시 시작할 준비의 숨결을 건네주었다.

리더십 프로그램과의 첫 만남

그 질문들이 가슴속에 머물던 어느 날, 한국으로 돌아온 뒤 나는 우연히 한 청년 시민단체(KYC, 한국청년연합) 회원을 만났다. 그는 유쾌하면서도 진지한 사람이었고, 처음 만났지만 어쩐지 마음이 자연스레 열렸다. 우리의 대화는 서서히 '리더십'이라는 주제로 흘러들어 갔다.

"사실 저도 리더십 프로그램에 관심이 많아요. 사람들에게 리더십의 본질을 전하고 싶거든요." 그의 눈빛에는 호기심과 열정이 빛나고 있었다.

그는 KYC에서 진행하는 리더십 프로그램에 나를 초대했다. "한번 들어 보시겠어요? 실비로 진행되는데 강사진도 정말 훌륭합니다."

나도 농담 섞인 말로 가볍게 웃으며 응답했지만, 그 만남은 사이판의 밤하늘에 던졌던 질문들에 대해 현실 속에서 다시 응답을 듣게 되는 시작이었다. 시내의 한 건물에서 열린 KYC 리더십 프로그램은 1박 2일 동안 진행되었다. 크게 기대하지 않았던 참여였지만, 내게는 놀랍고도 낯선 경험이었다. 참가자 대부분은 남녀노소를 막론한 시민사회 활동가들이었고, 그들은 인권과 자유, 평등이라는 가치를 삶으로 살아내고 있었다. 그들의 이야기를 들으며 나는 변화하는 한국 사회의 새로운 희망을 느꼈다.

나이와 배경을 떠나, 우리는 동등한 동료로서 자유롭게 토론했다. 군 생활 동안 익숙했던 계급과 위계가 없는 대화 방식은 내게 신선한 충격이었다. 사람들은 서로의 의견을 경청하며 존중했고, 그 안에서 나도 한 사람의 참여자로서 목소리를 내는 자신감을 되찾을 수 있었다.

그 자리에서 나는 처음으로 알게 되었다. 내가 군대라는 특수한 조직에서 쌓아 온 경험과 통찰이 더 넓은 세상에서도 충분히 의미 있게 쓰일 수 있다는 가능성을. 그날 이후, 나는 사이판의 별똥별 아래에서 던졌던 질문이 결코 허공으로 흩어진 것이 아니었음을 알게 되었다. 그 질문은 먼 하늘이 아니라 사람 사이에서, 삶 속에서 다시 말을 걸고 있었던 것이다.

그 경험은 마치 별똥별이 내게 남기고 간 작지만 빛나는 확신 하나를 받은 듯한 울림이었다.

내가 어떤 새, 어떤 꽃이냐고?

프로그램 중에 한 강사의 질문이 내 마음 깊이 새겨졌다. "당신은 지금 어떤 새나 꽃의 모습을 하고 있습니까? 앞으로 어떤 새나 꽃이 되고 싶습니까?" 이 단순한 질문은 내게 의미 있는 성찰의 도구가 되었다. 30년 군 생활에서는 한 번도 받아 보지 못한 질문이었다.

꽃은 아름다움과 향기를 피워 주변을 밝히는 존재이고, 새는 자유롭게 하늘을 날며 새로운 세계를 탐험하는 존재이다. 나는 어떤 존재로 살아왔을까? 앞으로 어떤 존재로 살아가고 싶은가? 참가자들이 각자의 생각을 나누는 동안, 나는 내 안에서 묵묵히 30년의 시간을 돌아보았다. 군인으로서 나는 단단한 참나무 같은 존재였지만, 앞으로는 자유롭게 날아가는 솔개가 되고 싶다는 생각이 떠올랐다.

이 질문은 내 삶의 새 비전을 점검하는 계기가 되었고, 나 역시 발표에 적극적으로 참여했다. 내 이야기를 나눌 때, 다른 참가자들의 지지하는 눈빛과 고개 끄덕임이 큰 힘이 되었다. 그것은 새로운 세계에서 내가 받은 첫 번째 인정이었다.

진정한 경청 대화의 발견

토의 과정에서 나는 이 그룹만의 특별한 대화 방식에 깊은 인상을 받았다. 한 참가자가 의견을 말할 때면, 다른 이들은 놀라울 정도로 집중해서 경청했다. 단순히 예의상 듣는 것이 아니라, 진정으로 그 사람의 생각을 이해하려는 태도였다. 내가 발언을 할 때도, 다른 사람들은 내 말을 주의 깊게 듣고 있었고, 자신의 의견을 말할 때 "방금 꿀빵(내 별명)님이 말씀하신 것처럼……" 하며 내 이야기를 언급하고 연결시키는 모습을 보였다.

특히 인상 깊었던 일은, 한 참가자가 화장실에 다녀온 사이에도 대화가 끊이지 않았는데, 그가 돌아오자 다른 참가자들이 그가 화장실 가기 전에 했던 의견까지 정확히 기억하고 있다가 "아까 당신이 말한 이 부분에 대해 더 듣고 싶어요."라며 자연스럽게 대화에 다시 참여하도록 도왔다. 그 순간 나는 '이런 것이 진정한 배려구나.'라고 생각했다. 군대에서는 경험하기 어려웠던, 온전한 인간 대 인간으로서의 존중과 배려가 이 공간에 가득했다.

나는 무엇을 남기고 떠날 것인가

강의가 끝날 때쯤, 강사가 또 다른 질문을 던졌다. "시간과 자원이 충분하다면 무엇을 하고 싶은가? 당신이 남기고 싶은 유산은 무엇인가?" 특히 '유산'이라는 말이 무겁게 다가왔다. 군 생활 동안에는 '임무 완수'와 '국가 안보'가 내 사명이었지만, 이제는 더 개인적이고 근본적인 질문 앞에 서게 되었다.

이후 이어진 맥주 한 잔의 대화 속에서 우리는 각자의 꿈과 목표를 허심탄회하게 나눴다. 권위와 위계가 없는 대화는 내게 신선한 경험이었다. 그들과 하루 밤을 새우다시피 토의하면서 여러 이야기를 나누었던 것도 생애 처음 겪는 일이었다. 한 참가자는 환경 문제에 관심이 많아 지역 커뮤니티 가든을 만들고 싶다고 했고, 또 다른 이는 소외된 청소년들을 위한 멘토링 프로그램을 꿈꾸고 있었다. 각자의 배경과 나이가 달랐지만, 모두가 사회에 긍정적인 영향을 미치고 싶다는 공통된 열망을 가지고 있었다. 서로의 취약함과 열망을 나누는 그 진솔한 시간은 내게 새로운 가능성을 보여 주었다.

30년 리더였던 내가 새롭게 배운 리더십

이 경험을 통해 내가 구상하던 리더십 프로그램의 방향성이 더욱 구체화되었다. 군대식 리더십과는 다른, 보다 참여적이고 창의적인 접근법을 생각하게 되었다. 내가 하고자 하는 프로그램에서도 각자의 개성을 존중하면서도 공통의 목표를 향해 나아가는 장으로 펼쳐졌으면 좋겠다는 바람이 솟아났다. 이런 상상만으로도 가슴이 뛰었다.

그 순간 깨달았다. 리더란 단지 앞에서 이끄는 존재가 아니라, 누군가에게는 따뜻한 동행자가 되어 그의 비상을 꿈꾸게 하는 존재라는 것을. 내가 경험한 군대식 리더십은 분명 효율적이었지만, 개인의 자발성과 창의성을 충분히 끌어내지는 못했던 부분이 있었다. 사이판의 밤하늘에서 바라본 별들처럼, 이제 나는 각자가 자신만의 빛으로 빛날 수 있도록 돕는 다른 방식의 리더십을 탐구하고 싶었다.

나는 지난 30년간 축적된 자원으로 자유롭고 의미 있는 학습의 장을 만들겠다고 결심했다. 나뭇가지가 한 방향으로만 자라지 않듯, 리더십도 다양한 방식으로 꽃피울 수 있을 것이다. 중요한 것은, 모두가 제각기 다른 뿌리를 내리더라도, 누구나 온전히 햇살을 누릴 수 있는 정원 같은 환경을 만드는 일이다.

사이판에서 시작된 새로운 세계

남태평양 사이판에서의 고독한 성찰과 청년 단체와의 우연한 만남은 내게 새로운 가능성의 세계를 열어 주었다. 밤하늘의 별들에게 던진 질문들은, 낯선 환경에서의 부딪힘을 통해 조금씩 살아 있는 답을 찾아가고 있었다. 그 여정 속에서 내 안에 아직도 숨쉬고 있던 가능성과 열망을 새롭게 발견했다. 부딪치고 배우며 함께 성장하는 삶, 그것이 내가 이제 리더십의 본질이라고 믿게 된 철학이다. 그리고 이 깨달음은 내 인생의 다음 항해를 이끌어 줄 조용하고 단단한 나침반이 되었다.

내가 남기고 싶은 유산은 단순한 지식이나 성공의 발자취가 아니다. 사람들이 자신 안의 꽃과 새의 가능성을 발견할 수 있는 환경, 그리고 나 또한 그들과 함께 부딪치고 배우며 끝없이 성장하는 여정에 동참하는 삶. 그것이 내가 이제 걸어가고자 하는 길이다.

당신에게 던지는 코칭 질문

지난 세월에 축적된 자원으로 정말 하고 싶은 것은 무엇입니까?

그림 | 박창규 · ChatGPT

당신은 지금 어떤 새나 꽃의
모습을 하고 있습니까?
앞으로 어떤 새나 꽃이 되고 싶습니까?"
이 질문은 내 삶의 새 비전을
점검하는 계기가 되었다.

동서양 철학을 융합한 리더십 여정

삶의 궤도를 완전히 바꾼 전환점

인생은 선택의 순간들로 이루어진 모자이크이다. 일상의 무수한 결정들 사이에 가끔, 삶의 궤도를 완전히 바꾸는 전환점이 찾아온다. 그 순간을 알아차리고 결단할 때, 우리는 새로운 인생의 장을 열게 된다. KYC 리더십 프로그램과의 만남은 내게 그런 운명적 전환점이었다. 그곳에서 마주한 질문들은 30년 군 생활 동안 내가 당연하게 여겼던 모든 관점을 뒤흔들었다.

군인으로서 삶은 분명한 규율과 체계 속에 있었다. 결정은 명확했고, 그 영향은 즉각적이었다. 그러나 은퇴 후 맞이한 새로운 나의 세계는 전혀 다른 질서로 움직였다. 누군가의 지시에 따라 움직이던 삶에서, 이제는 스스로 방향을 정하고 그 의미를 찾아야 했다. 이런 고민 속에서 만난 리더십 철학은 마치 오래된 지도 위에 갑자기 떠오른 새로운 항로와 같았다. 그 발견의 여정은 내 삶의 좌표를 근본적으로 재설정하는 계기가 되었다.

7가지 습관과의 운명적 만남

흔들리는 나침반을 들고 방향을 찾던 어느 날, 고등학교 후배와 나눈 대화가 새로운 가능성을 비추었다. 기업 강사로 활동하던 그는 『성공하는 사람들의 7가지 습관』이라는 책을 내게 건넸다. 처음에는 '성공'이라는 단어에 거부감이 들었다. 군 생활에서 성공이란 임무 완수, 국가 안보의 달성이었지, 개인의 성취를 의미하지 않았기 때문이다.

'나에게 성공은 이미 끝난 이야기 아닌가? 은퇴한 내가 이걸 왜 읽지?' 하는 생각이 먼저 들었다. 하지만 예의상 펼쳐 본 책장은 생각보다 빠르게 넘어갔다. 저자 스티븐 코비 박사가 말하는 성공은 내가 아는 그것과는 전혀 다른 세계의 언어였기 때문이다.

그 책의 페이지를 넘길수록 나의 고정관념은 천천히 흔들리기 시작했다. 이 책이 말하는 성공은 외적 성취가 아닌, 원칙에 기반한 패러다임의 전환으로, 내면의 충만함을 통한 고도로 효과적인 삶의 모습이었다. '효과성은 기술의 문제가 아니라 신뢰의 문제이다.'라는 그의 말은 내 가슴에 닿았다. 내가 군에서 수십 년 간 실천해 온 리더십의 본질을 다른 측면에서 이해하도록 명확히 의미화해 주었다.

특히 '반사적이 아닌 주도적 삶'이라는 개념은 은퇴 후 방향을 잃고 표류하던 내게 등대 같은 지침이 되었다. 어떠한 환경과 상황에서도 자신의 내적 가치에 따라 선택하고 행동하는 삶. 그것은 군에서 배웠던 책임감의 확장이면서도, 전혀 다른 차원의 자율성을 요구하는 개념이었다. 이 책은 내게 스스로의 인생을 디자인할 수 있는 용기와 도구를 동시에 선물해 주었다. 아울러 나는 이런 개념에 기초한 리더십을 펼쳐 나가겠다는 생각이 점점 굳어졌다. 이러한 배경으로 이후에 스티븐 코비의 『원칙 중심의 리더십』 책을 공역하는 기회도 갖게 되었다.

목표 설정의 혁신, 생생한 비전의 힘

새로운 통찰에 목말라하고 있었던 나는 후배의 권유로 SMI라는 프로그램에 참여했다. 첫날, 강사는 우리에게 물었다. “당신이 원하는 삶을 생생히 그려 볼 수 있습니까?” 이 질문은 막연한 희망이 아닌, 구체적인 비전을 요구했다. 군 생활에서는 목표가 주어졌지만, 이제는 내가 직접 그것을 창조해야 했다.

SMI 프로그램의 저자 폴 마이어는 “당신이 생생하게 상상하고, 간절히 소망하며, 진정으로 믿고, 열정적으로 실천하는 모든 것은 반드시 현실이 된다.”는 메시지를 담고 있었다. 나는 처음으로 내 삶의 청사진을 종이에 세밀하게 그려 보았다. 은퇴 후 어떤 사람이 되고 싶은지, 어떤 가치를 실현하고 싶은지, 어떤 관계를 맺고 싶은지를 명확히 했다.

이 과정에서 놀라운 발견이 있었다. 목표를 분명히 시각화하자, 그것이 마치 자석처럼 나를 이끌기 시작한 것이다. 희미했던 방향이 점점 선명해졌고, 아침에 일어나는 이유가 달라졌다. 부정적 생각이 밀려올 때면 그 생각을 인식하고 의식적으로 긍정적 행동으로 전환하는 법을 배웠다. 이는 단순한 긍정주의가 아니라, 현실을 직시하면서도 가능성에 초점을 맞추는 균형 잡힌 태도였다.

SMI 프로그램은 내게 목표를 향한 여정의 지도를 그리는 법을 가르쳐 주었다. 이제 나는 하루하루를 표류하듯 살아가는 것이 아니라, 뚜렷한 방향으로 항해하는 선장이 되어 있을 것이다.

삶의 철학을 재구성하는 여정

SMI 프로그램의 경험은 더 깊은 탐구로 이어졌다. 나는 ‘성공하는 사람들의 7가지 습관’ 전문가 과정에 참여하여 코비의 리더십 철학을 심층적으로 배우기 시작했다. 이 과정은 단순한 기술 습득이 아니라, 삶의 철학을 재구성하는 여정이었다.

'주도적이 되라.'는 첫 번째 습관은 선택과 책임의 균형을 가르쳤다. 군에서는 주어진 임무와 명령을 받아 행동했지만, 이제는 스스로 선택하고 그 결과를 온전히 책임지는 법을 배웠다. 이는 자유로워진 만큼 더 큰 책임감을 요구했다.

'끝을 생각하며 시작하라.'는 두 번째 습관은 장기적 관점의 중요성을 일깨웠다. 이는 삶의 끝에서 남기고 싶은 유산이 무엇인지 먼저 고민하게 했다. 직업 군인으로서 국가 안보라는 뚜렷한 사명이 있었던 나에게, 이제는 더 개인적이고 보편적인 삶의 사명을 찾는 과제가 주어졌다.

'소중한 것을 먼저 하라.'는 세 번째 습관은 시간 관리가 아닌 자기 관리의 중요성을 강조했다. 단순히 바쁘게 사는 것이 아니라, 삶의 진정한 우선순위를 정하고 그에 따라 시간과 에너지를 투자하는 법을 배웠다.

이어지는 '윈-윈을 생각하라.' '먼저 이해하고, 다음에 이해시켜라.' '시너지를 내라.' '끊임없이 쇄신하라.'는 습관들은 나의 리더십을 체계적으로 변화시켰다. 이전에는 효율적 지시와 통제에 초점을 맞췄다면, 이제는 상호 이해와 창의적 협력, 지속적 성장을 중심에 두는 효과적인 리더십을 지향하게 되었다.

동서양 철학을 융합한 리더십 모델을 만들다

코비의 철학을 깊이 공부할수록, 나는 그것이 동양 고전의 지혜와 밀접하게 연결되어 있다는 사실을 발견했다. 특히 자신을 닦은 다음, 타인을 다스린다는 수기치인(修己治人), 인간의 내면 수양에서 시작해 세상 전체를 변화시키는 길을 제시하는 삶의 철학이자 실천의 순서

'수신제가치국평천하(修身齊家治國平天下)'의 가르침과 코비의 내면에서 시작하여 외면으로 향하는 성장 모델은 본질적으로 같은 통찰을 담고 있었다.

또한 노자의 '도는 자연을 본받는다는 도법자연(道法自然)' 사상 역시 코비의 자연 법칙, 즉 원칙 중심 리더십과 깊은 연관성을 보였다. 두 이론 모두 인위적 통제보다 자연의 법칙과 원리를 따르는 리더십의 중요성을 강조한다. 물이 높은 곳에서 낮은 곳으로 흐르듯, 리더십도 자연스러운 영향력을 통해 발휘될 때 가장 강력하다는 통찰이었다.

군 생활에서 나는 전투 상황에서 부대원들과의 신뢰가 얼마나 중요한지 몸소 체험했다. 위기 순간의 냉철한 판단과 결단력은 평소 쌓아 온 신뢰 관계에서 비롯된다는 것을 알았다. 이러한 경험은 코비의 '신뢰의 속도'라는 개념과 완벽하게 일치했다. 신뢰가 쌓일수록 실행의 속도는 빨라지고, 비용은 줄어든다는 원리를 나는 전장에서 이미 체득하고 있었던 것이다.

동양의 지혜와 서양의 실용 철학을 접목하면서, 나는 한국적 상황에 맞는 독창적 리더십 모델을 구상하기 시작했다. 이는 단순한 기술의 조합이 아니라, 서로 다른 사상적 토양에서 자란 지혜의 나무들이 서로 가지를 맞대고 하나의 숲을 이루는 과정이었다. 이 통합적 접근은 개인과 공동체가 함께 성장하는 생태계적 리더십의 비전을 내게 열어 주었다. 나는 결국 내가 그간 축적해 온 리더십 자원과 원칙 중심의 리더십인 '성공하는 사람들의 7가지 습관'과 그와 연관된 프로그램을 15여 년 이상 강의하게 되었고, 나중에는 코칭 리더십과도 접목하게 되었다.

끝을 생각하며 새로운 시작을 준비하다

리더십은 완성이 아닌 여정이다. 나의 여정은 아직 진행 중이며, 새로운 통찰과 도전이 매일 이어졌다. 삶의 마지막 순간에 돌아볼 때, 나는 단순한 성취나 직함이 아닌, 다른 이들의 성장을 도왔던 일과 그들이 자신만의 삶의 철학을 발견하도록 도와주었던 순간들로 기억되고 싶다. 이것이 내가 남기고 싶은 진정한 유산이다.

동양의 전통 지혜와 서양의 실용 철학이 만나는 이 융합의 여정은, 이제 나를 더 넓고 깊은 세계로 이끌고 있다. 노자가 말한 "물처럼 부드러우나 바위도 뚫는" 리더십의 힘을 마음에 품고, 나는 다시 한번 새로운 도전의 출발선에 선다.

이번 프로그램을 통해, 나는 나이 들어 처음으로 그렇게 열정적으로 공부하는 나 자신을 만났다. 단지 수료를 위한 공부가 아니라, 깊이 이해하고 제대로 전달하고 싶었기에, 매 시간은 내 안의 배움의 불꽃이 활활 타오르는 시간이었다.

지금도 선명히 기억난다. 강의 시간, 두 손에 든 교재 위로 실제 불꽃을 붙였던 그 순간. 사람들은 놀라고 웃었지만, 나는 그 불꽃에 담긴 마음을 알고 있었다. 단 한 문장이라도 학습자의 가슴에 오래 남기를 바라는 마음, 머리보다 가슴을 깨우고 싶었던 간절함이었다.

그날의 불꽃은 단지 연출이 아니라, 내 안에서 타오르던 '전하고자 하는 열정' 그 자체였다. 그만큼, 나 스스로가 성장하고 있다는 것을 선명히 느꼈다. 단지 지식의 확장이 아니라, 존재의 확장이었다. 참으로 도움이 되는 프로그램이었고, 내 삶 한 장을 새롭게 채색해 준 불꽃 같은 시간이었다.

당신에게 던지는 코칭 질문

지금 당신 마음에서 다시 살아나려는 작은 불꽃은 무엇인가요?

사진 제공: 박창규

책 위로 치솟은 불꽃, 순간 숨이 멎었다.

그 불길은 연출이 아니라,

내 안의 뜨거운 열정이었다.

말이 아닌 빛으로, 곧장 가슴에 닿았다.

세계적 리더십 전문가와의 교류

한계를 통해 만난 새로운 세계

삶은 무수한 결단의 연속이다. 그중에는 우리의 인생 항로를 완전히 바꾸는 결정적 순간이 있다. 마치 강물이 흐르다 방향을 바꾸듯, KYC 리더십 프로그램에서의 경험은 내 삶의 나침반을 새롭게 조정해 주었다. 그곳에서 나는 리더십이 단순한 기술이 아니라, 삶의 방향성을 결정짓는 철학임을 깨달았다. 그 깨달음은 내 영혼을 뒤흔들었고, 나는 그 울림 속에서 새로운 나를 발견했다.

한국에서 '성공하는 사람들의 7가지 습관' 강사로 활동하며 느꼈던 한계는 나를 새로운 세계로 이끌었다. 대양을 건너 미국 샌디에이고 해변에서 열린 워크숍에 단독으로 참가하기로 한 결정은 단순한 여행이 아니라, 내면의 지도를 다시 그리는 여정이었다. 한국에서 강사 훈련을 마친 상태에서, 미국에 가서 개인적으로 심화 과정을 다시 밟은 첫 사례였다. 그만큼 내 안의 열정이 타오르던 시기였다.

샌디에이고의 해변 호텔에서 열린 2박 3일간의 워크숍은 내게 또 다른 시각을 열어 주었다. 과거 군사 훈련으로 미국을 방문한 적은 있었지만, 이번엔 나의 개인적 의지와 선택으로 이루어진 여정이었다.

이 경험은 단지 강사로서 전문성을 넘어, 내 인생의 방향을 다시 설정하는 계기가 되었다. 가장 인상 깊었던 점은 참가자의 70%가 여성이었다는 사실이다. 1990년대 초반 한국에서는 여성의 사회교육 참여가 드물었지만, 미국의 리더십 교육은 개인의 성장뿐 아니라 가정과의 조화, 전인적 발전에 초점을 맞추고 있었다. 한국이 조직 운영과 성과 중심의 리더십 교육에 머물렀던 것과는 확연히 달랐다. 나는 이 경험을 통해 '가정에서의 리더십'이라는 개념을 처음 알게 되었고, 한국에서도 리더십의 방향이 변화할 것이라는 예감을 가졌다.

새로운 교육 방식 개발

미국 워크숍에서 가장 인상적이었던 것은 교육 방식의 혁신이었다. 당시 한국 교육 현장에서는 사용하지 않는 컴퓨터와 빔프로젝터를 활용한 강의 방식이 보편화되어 있었다. 강사들은 실시간으로 자료를 수정하며, 다양한 시각 자료와 상호작용 요소를 자연스럽게 통합했다. 이는 단순한 도구의 차이를 넘어, 교육 과정의 효과적 접근 방법에서 커다란 차이를 보여 주는 장면이었다.

나는 컴퓨터 사용에 익숙하지 않았기에, 젊은 학생들에게 배우며 서툴게 시작했다. 그러나 이 불편함과 어색함은 오히려 내 성장의 디딤돌이 되었다. 단지 도구만 바꾼 것이 아니라, 상호작용과 참여를 중심에 둔 새로운 강의 스타일을 구축하게 되었다. 참가자들이 자신의 내면에서 답을 찾아가는 과정을 돕는 이 방식은 내 강의를 근본적으로 바꾸어 놓았다.

세계적 리더십 전문가와의 교류

그 후에도 나는 세계 최대 규모의 인재 개발 전문가 협회로 알려진 ASTD(현재의 ATD, Association for Talent Development) 콘퍼런스에 가능한 한 자주 참여했다. 이 국제적인 모임에서는 각국의 리더십 전문가들과 교류하며, 최신 교육 트렌드와 방법론을 접할 수 있었다. 다양한 문화와 배경을 지닌 사람들과 교감하고 연결되며, 색다른 영감을 주고받는 현장이었다.

이런 체험은 나에게 경계를 넘어서는 시각을 갖게 했다. 나는 이 경험을 통해 사고의 틀을 넓혔고, 강의의 내용뿐만 아니라 교육 스킬도 향상되었다. 콘퍼런스에서 만난 다양한 문화권의 전문가들은 각자의 관점으로 리더십과 교육에 대한 통찰을 나눴다. 그들의 혁신적인 접근 방식은 내 강의에 신선한 자극을 주었고, 참가자들은 새로운 차원의 참여와 몰입을 경험했다.

때때로 세계 각국에서 온 참여자들과 강의장 바닥에 그대로 둘러앉아 토의했던 경험은 매우 신선했다. 그 낯선 자세와 태도 속에서 오히려 마음이 열리고, 생각은 더 넓어지면서 국제적인 감각이 개발되는 것 같았다. 나는 그 장면을 떠올리며, 한국에서 강의할 때에도 가능한 한 적용하려고 노력했다.

"당신의 책이 제 인생의 전환점이 되었습니다."

내 워크숍은 개인의 내면적 성장 리더십에서 출발해, 팀과 조직 차원의 리더십으로 확장되었다. 미국에서 개발된 '리더십의 4가지 역할' 프로그램은 내가 군 생활 중 익힌 손자병법의 전략적 사고와 동양 유학에서 배운 덕성 리더십을 현대적 맥락에서 재해석한 결과물로 생각될 만큼 그 과정이 유사했다. 동양의 지혜와 서양의 실용성이 조화를 이룬 이 프로그램은 많은 참가자들에게 새로운 리더십 패러다임을 제시했다.

이론적 정교함을 넘어, 나의 진정한 성취는 참가자들의 변화였다. "이제야 제 리더십의 방향을 찾았습니다."라는 한 참가자의 말은, 내가 걸어온 길의 가치를 확인시켜 주었다. 진정한 지식은 머리에 담기는 것이 아니라, 삶을 변화시키는 것이다.

강의를 계속하면서 느낀 점과 통찰을 기록한 『당신 안에 있는 위대한 선택』 『온 자신감』 등의 책을 집필하며 나는 생각을 정리하고 펼쳐냈다. 강의장을 넘어 더 많은 사람들에게 좀 더 가까이 다가갈 수 있다는 기쁨도 컸다. 내 생각과 경험이 누군가의 어둠 속에서 등불이 된다는 사실은 글쓰기가 주는 가장 큰 보상이었다. 이는 내가 훗날 수필가로 등단하는 계기도 되었다.

어느 날 한 독자로부터 편지를 받았다. "당신의 책이 제 인생의 전환점이 되었습니다." 그때 나는 저자로서의 사명감과 보람을 다시금 확인했다. 글은 단순한 정보 전달이 아니라, 사람을 연결시켜 주었다. 강의와 책을 통해 나는 사람들이 자신의 잠재력을 발견하고, 삶의 새로운 가능성을 모색하도록 돕는 안내자가 되었다.

영원한 청년의 시선으로

나는 성장에 관한 한 영원한 청년이고 싶다. 청춘은 나이가 아니라 삶을 대하는 태도이다. 도전은 나의 나침반이자 내면의 불꽃이며, 자아를 발견하고 초월하는 여정이다. 인간의 가슴에는 경이로움에 대한 탐구심과 인생에 대한 환희가 있다. 나는 그 신선한 정신을 유지하며, 매일을 새로운 시작으로 맞이하고자 한다. 이것이 내가 꿈꾸는 영원한 청춘이다.

세상은 점점 더 빠르게 변하고, 변화는 때때로 두려움을 동반한다.

그러나 나는 안다. 진짜 청춘은 변화를 두려워하지 않고, 그 속에서 스스로를 재구성할 줄 아는 용기에서 비롯된다는 것을. 앞으로도 나는 배우고, 시도하고, 넘어지더라도 다시 일어설 것이다. 나와 같은 길을 걷는 사람들과 함께 웃고 울며, 그 여정 자체가 인생임을 믿고 걸어갈 것이다.

나와 함께 국제적 리더십 프로그램에 참여하면서 내가 영어 이해의 부족으로 깨닫지 못한 부분을 나누어 주고 함께해 준 동료들께 진정 감사를 드린다.

당신에게 던지는 코칭 질문

지금 당신이 넘어 보고 싶은 경계는 무엇인가요?

그림 | 박창규 · ChatGPT

성장에 관한 한, 나는 영원한 청년이고 싶다.

청춘은 나이가 아니라,

삶을 대하는 태도이기에

끝없는 배움이 나의 젊음이다.

운명적인 코칭과의 만남

예고 없이 찾아온 두 번째 전환점

인생의 두 번째 전환점은 예고 없이 찾아왔다. 리더십 교육을 전파하며 분주히 살던 어느 날, 내 귀에 낯선 단어 하나가 스쳤다. ― 코칭 리더십. 순간 심장이 두근거렸다. 평범했던 하루가, 순식간에 내 삶의 방향을 틀어 버린 것이다.

이어서 들려온 말은 더욱 깊은 울림이었다. "코치가 되어 보지 않겠습니까?" 그 권유는 단순한 제안이 아니라, 내 안에 작은 씨앗 하나를 심는 손길 같았다. 결심은 빨랐다. 나는 뜻을 같이한 동료 한 분과 함께 바로 미국으로 건너가서 코칭 교육을 받기로 했다. 당시 내 나이는 이미 60세였지만, 그 순간만큼은 누구보다 청춘이었다. 한국인 최초로 코칭 교육에 참여한다는 자부심은 내 가슴에 불꽃을 일으켰다.

한국에 코칭의 뿌리를 함께 심다

미국에서의 배움은 시작일 뿐이었다. 귀국 후에도 나는 멈추지 않았다. 한국리더십센터가 주관한 몇 년간의 심층 과정은 낯설면서도 신선했다. 세계적인 코치들이 한국을 찾았고, 우리는 그들의 언어와 시선 속에서 코칭의 진수를 맛보았다. 강의실은 단순한 배움의 자리가 아니라, 낯선 씨앗들이 뿌리를 내리기 시작하는 작은 숲 같았다.

나는 그 시절 코칭에 완전히 몰입해 있었다. 길을 걸으면서도 코칭 프로세스와 질문을 연습하곤 했다. 그러다 보니 광고판이나 전신주에 이마를 부딪히는 일도 잦았다. 하지만 지금 돌이켜 보면, 그만큼 진지했고 그만큼 순수하게 빠져 있었던 시간이었다. 그 열정과 몰입이 있었기에 지금의 내가 있을 수 있었다.

함께 공부한 동료들과의 밤은 특히 빛났다. 우리는 카페 한쪽에 모여 서로의 이야기를 열어 놓고, 서툴지만 진지한 코칭을 주고받았다. 때론 웃음으로, 때론 눈물로 서로를 비추던 그 시간은 지금 돌이켜도 가장 뜨겁고 맑았다. 그때의 동료들이 오늘 한국 코칭계를 이끄는 마스터 코치로 함께 성장했다는 사실은 내게 더 없는 감사이다. 그 시절은 내면과 외면이 동시에 성장하던, 내 인생의 가장 밀도 높은 계절이었다.

한국인 최초, 마스터 코치(MCC) 취득

코칭을 배우며 내 리더십도 변했다. 예전의 나는 강단에서 내용을 전하는 사람이었다. 그러나 코칭을 만난 뒤 나는 질문을 던지고 귀를 기울이는 사람으로 바뀌었다. "당신과 함께 있습니다." "당신의 이야기를 듣고 있습니다." 이 짧은 말들이 상대의 눈빛을 바꾸고, 굳게 닫힌 마음을 열어 주었다.

그 길을 10년 넘게 걸었다. 사람들과의 대화, 조직과의 만남, 수없이 오간 질문과 침묵이 내 안에 차곡차곡 쌓였다. 마침내 나는 한국인 최초로 국제코칭연맹(International Coaching Federation: ICF)의 최고 코칭 등급인 마스터 코치(Master Certified Coach: MCC)가 되었다. 합격 메일을 읽던 순간, 손끝이 떨렸다. 그러나 그것은 정상에 오른 환희가 아니라, 이제야 신발끈을 매고 출발선에 선 긴장감이었다. 나를 성장시킨

건 자격증이 아니라, 함께했던 이들과 나눈 살아 있는 시간들이었다.

코칭의 길 위에서 나는 수많은 변화를 보았다. 한 리더는 지쳐 "더 이상 성장할 수 없다."고 말했다. 그러나 대화를 거듭하며 그는 자신 안에 남아 있던 불씨를 발견했고, 마침내 용기 있는 결단을 내렸다. 또 다른 리더는 약점을 감추지 않았다. 오히려 그것을 발판으로 삼아 조직을 새롭게 세웠다. 나는 그 모습을 지켜보며, 사람 안에는 언제나 다시 피어날 수 있는 씨앗이 있음을 확인했다.

가장 선명하게 남아 있는 장면은 한 내담자의 눈물이다. 그는 세션 중 갑자기 울음을 터뜨리며 이렇게 말했다. "저도 괜찮은 사람이었네요." 자신을 낮추며 살아왔던 그가, 코칭을 통해 자기 가치를 발견한 순간이었다. 그 눈물은 메마른 땅을 적시는 빗물처럼 내 가슴에도 스며들었다. 코칭은 단순한 대화가 아니었다. 삶을 다시 살게 하는 길, 그 길이 내게 사명이 되었다.

새로운 리더십 철학의 확립

마스터 코치가 된 뒤 나는 리더십의 본질을 다시 정의하게 되었다. 리더십은 목표 달성이 아니라, 각자가 자기 본질을 발견하고 자기 초월을 경험하도록 돕는 과정이었다. 코칭 리더십은 문제 해결의 기술이 아니라, 함께 성장하는 여정이었다.

나는 이제 지식을 전하는 강사가 아니라, 사람들의 내면을 밝히는 동반자이다. 때로는 옆에서 함께 걷는 친구이고, 때로는 거울처럼 존재를 비추는 동행자이다. 코칭은 직업이 아니라 내 삶의 사명이다. 그 길 위에서 나는 여전히 배우고 있고, 그 배움 속에서 다시 청춘이 된다. 인생 후반부의 나는 속도가 아니라 깊이를 좇는다. 그리고 그 깊이 속에서, 나는 타인의 가능성과 내 열정이 만나는 순간을 살아간다.

씨앗에서 나무로

코칭이 내게 찾아온 날은 특별하지 않았다. 그러나 그 평범한 순간은 내 삶을 완전히 바꾸어 놓았다. 작은 씨앗 하나가 심어진 날처럼, 코칭은 내 인생의 나무가 되어 자라나고 있다.

그 나무는 지금도 성장 중이다. 뿌리를 더 깊게 내리고, 가지를 넓게 뻗으며, 그늘과 열매를 나누고 있다. 나는 앞으로도 이 길 위에서, 사람들의 가능성이 피어나도록 돕는 역할을 이어 가고 싶다.

코칭은 내게 단순히 직업만은 아니다. 그것은 나와 사람들, 우리 모두가 함께 성숙해 가는 여정이다. 그 여정 속에서 나는 여전히 배우고, 성장하고, 살아 있는 청춘으로 다시 태어난다. 어쩌면 인생의 진짜 전환점은 끝이 아니라, 이렇게 계속 이어지는 배움의 길 위에서 피어나는지도 모른다.

당신에게 던지는 코칭 질문

오늘 당신 안에서 가장 성장하고 싶어 하는 부분은 무엇인가요?

MCC
Master Certified Coach
International Coach Federation

The International Coach Federation
is honored to confer upon

Chang-gyu Park

the designation of

Master Certified Coach (MCC)™

The designation is earned by demonstrating knowledge and proficient use of core coaching skills through a comprehensive application and evaluation process designed to ensure high standards for the coaching profession and the clients it serves.

Awarded on this day
2/26/2014

ICF President
ICF Executive Director

ICF
International Coach Federation

Valid through: 12/31/2017

코칭은 모두가 함께 성숙해 가는 여정이다.
그 여정 속에서 나는 여전히 배우고, 성장하고,
살아 있는 청춘으로 다시 태어나기도 한다.

나는 지금도 궁극의 정체성을 향한 항해 중

내면의 나침반을 따르는 항해

사람은 누구나 인생의 어딘가에서, 더는 예전 방식으로는 나아갈 수 없다는 내면의 목소리를 듣게 된다. 그것은 막다른 골목이 아니라, 다른 방식의 출발을 알리는 속삭임이다. 내게도 그런 순간이 있었다. 코칭이라는 삶의 길을 걸어오면서 기법을 배우고, 자격을 얻고, 리더가 되었지만, 문득 이런 질문이 찾아왔다. "그 모든 것을 넘어서, 나는 누구인가?"

그 질문은 나를 다시 한번 낯선 항로로 이끌었다. 그것은 성취의 항해가 아니라 존재의 항해였다. 새로운 도전은 더 큰 업적을 쌓는 일이 아니라, 내면의 나침반을 따라 더 깊은 나를 향해 떠나는 여정이었다. 이 글은 그 항해의 시작에 대해, 그리고 내가 왜 다시 돛을 올리게 되었는지를 이야기한다.

최초의 한국인 MCC 자격을 얻은 순간, 나는 오히려 다시 출발선에 선 기분이었다. "이제 무엇을 할 것인가?"보다 더 깊은 질문이 올라왔다. "나는 어떤 사람이 되고 싶은가?" 코칭은 더 이상 기법의 집합이 아니었다. 그것은 나를 표현하는 언어, 나를 드러내는 삶의 방식이 되어가고 있었다. 결국 코칭은 내가 누구인지, 어떤 존재로 살아가고자 하는지를 보여 주는 삶의 예술이었다.

그 질문 앞에 섰을 때, 나는 과거의 방식으로는 이 길을 더 이상 이어갈 수 없음을 알았다. 더 많은 강의, 더 많은 성과, 더 많은 외적 기준이 아니라, 이제는 나의 중심과 연결된 삶, 정체성과 일치된 실천이 필요했다. 기법은 이미 충분했다. 이제는 그것을 '어떻게 쓰는가'가 아니라, '어떤 존재로 쓰는가'가 중요한 시점이었다.

삶의 중심을 향한 항해

내가 다시 항해를 시작한 이유는, 이제 삶의 외곽이 아니라 중심을 살아야겠다는 자각 때문이었다. 중심이란 흔들리지 않는 고정점이 아니라, 삶의 모든 순간을 관통하는 내면의 원리였다. 그것은 흔히 말하는 '미션'이나 '비전'이 아닌, 내가 나일 수 있게 해 주는 가장 깊은 이유이자 뿌리였다. 나는 나의 중심을 따라 움직이기로 결심했다.

그 중심은 늘 말없이 내 안에서 방향을 가리키고 있었고, 이제 나는 그것을 믿기로 했다. 코칭이란 그 중심과의 대화를 돕는 일이기도 하다. 코칭 고객이 스스로에게 묻고, 스스로 답을 발견하며, 자신만의 항해를 시작할 수 있도록 옆에서 조용히 등불을 들어 주는 일. 내가 내 삶의 중심을 따를수록, 타인의 항해에도 진심으로 함께할 수 있다는 것을 알게 되었다.

살아 있는 원, 처음과 끝이 만나는 자리

나의 항해는 직선이 아니었다. 수많은 실패와 멈춤, 다시 걷는 반복 속에서 나는 알게 되었다. 삶은 원처럼 돌고, 처음과 끝은 닿아 있다는 것을. 어린 시절 품었던 별 하나가 지금도 나를 이끌고 있다는 사실. 그리고 그 별은 더 이상 외부의 이상이 아니라, 내 안에서 반짝이는 존재가 되어 있었다.

그 깨달음 속에서, 나는 생의 마지막에도 코칭을 하고 있기를 바란다. 그러나 그 코칭은 대단한 기법이 아니라, 곁에 있어 주는 태도이기를 바란다. 어린아이처럼 순수하게 질문하고, 노인처럼 깊은 침묵으로 경청하는 사람. 처음의 열망과 끝의 평안이 만나는 자리에 나는 존재하고 싶다. 그것이야말로 나의 항해가 닿고자 하는 궁극의 정체성이다.

다시 묻는 자리에서

이 항해의 끝에서 나는 "무엇을 할 것인가"보다 "어떤 존재로 살아갈 것인가"를 먼저 묻는다. 내가 걷는 코칭의 길은 이제 기법이 아니라, 나의 정체성과 중심을 반영하는 삶의 태도이다. 그것은 삶의 겉모습을 다듬는 작업이 아니라, 내면의 별을 바라보며 방향을 다시 맞추는 여정이다. 기법이 아닌 존재로, 성취가 아닌 중심으로, 나는 지금도 천천히 걸어간다.

정체성이란 보여지는 무엇이 아니라, 관계 앞에서의 응답이며, 순간순간 선택하는 태도이다. 중심에 머물며 살아가는 그 자세가 곧 나의 항해이다. 그래서 나는 오늘도 다시 묻는다.

"나는 지금, 어떤 존재로 이 여정을 살아가고 있는가?"

그 질문에 조용히 응답하며 걷는 길, 그것이 내가 선택한, 진짜 '새로운 항해'이다.

당신에게 던지는 코칭 질문

앞으로의 항해에서 당신은 어떤 존재로 기억되길 원하나요?

그림 | 박창규 · ChatGPT

그 항해가 여러분만의 별을

따라가기를 바란다.

그리고 그 별 아래에서

마침내 발견하게 되는 보물이,

다름 아닌 '당신 자신'이기를 소망한다.

당신에게 던지는 코칭 질문

새로운 삶의 여정으로 안내하는 질문들

★ 인생의 방향이 사라졌을 때 당신에게 나타나는 현상은 무엇인가요?

★ 지난 세월에 축적된 자원으로 정말 하고 싶은 것은 무엇입니까?

★ 지금 당신 마음에서 다시 살아나려는 작은 불꽃은 무엇인가요?

★ 지금 당신이 넘어 보고 싶은 경계는 무엇인가요?

★ 오늘 당신 안에서 가장 성장하고 싶어 하는 부분은 무엇인가요?

★ 앞으로의 항해에서 당신은 어떤 존재로 기억되길 원하나요?

Part
2

있어야 할 자리

Presence

Chapter 4

셀프 코칭으로 삶을 나답게 건너다

질문, 인생의 지도를 새로 그리는 시간

우리는 누구나 삶의 한순간, 방향을 잃는다. 그럴 때 필요한 것은 누군가의 조언보다, 내면 깊은 곳에서 던져지는 조용한 질문이다.

"나는 진짜 무엇을 원하는가?"

셀프 코칭은 나에게 하는 질문으로 시작된다. 코칭은 정답을 주는 기술이 아니다. 스스로 해답을 찾도록 돕는 여정이다. 타인의 질문에 기대지 않고, 스스로 묻고 답하는 '자기 성찰의 기술'로 나아간다.

이 장은 셀프 코칭의 철학과 실제 사례, 적용법까지 아우른다. 독자 각자가 '자기다운 삶'으로 나아가는 통합적 여정을 안내하고자 한다.

질문을 던지는 순간, 변화는 이미 시작된 것이다.

코칭이란

코칭, 내 안에 이미 해답이 있다

코칭은 단순한 대화나 조언을 넘어서는 깊이 있는 인간적 만남이다. 한국코치협회는 '개인과 조직의 잠재력을 극대화하여 최상의 가치를 실현할 수 있도록 돕는 수평적 파트너십'으로 정의한다.

국제코칭연맹(ICF)은 '코칭은 고객의 개인적, 전문적 잠재력을 최대로 발휘할 수 있도록 영감을 불어넣을 수 있는 생각을 촉진하고 또한 창의적인 프로세스 안에서 고객과 파트너 관계를 맺는 것'이라고 정의하고 있다.

이 정의들은 코칭의 핵심 가치를 담고 있다. 코칭은 코칭 고객의 문제를 해결해 주거나 행동을 교정하는 것이 아니라, 자기 인식과 성장을 동반하는 여정인 것이다. 코칭은 '내 안에 이미 해답이 있다.'는 근본적인 신뢰에서 출발하여, 사람들이 자신의 삶에서 주도권을 회복하고 의미 있는 방향으로 나아갈 수 있도록 돕는 파트너십이라 할 수 있다.

멘토링, 컨설팅, 심리상담과의 차별점

코칭은 종종 멘토링, 컨설팅, 테라피(심리상담)와 혼동되지만, 그 본질과 접근 방식에서 분명한 차별점을 가진다. 멘토링은 특정 분야의 경험자나 선배가 자신의 지식과 경험을 바탕으로 조언하고 방향을 제시하는 관계이다. 여기에서 멘토는 '알고 있는 사람'으로서 지식과 지혜를 전달하는 역할을 한다. 반면, 코치는 조언자가 아니라 고객의 자기 탐색을 돕는 촉진자로서 기능한다. 코치는 특정 분야의 전문가일 필요가 없으며, 오히려 고객이 스스로의 답을 찾아가는 여정을 함께하는 동반자인 것이다.

컨설팅은 문제를 분석하고 해결 방안을 제시하는 전문 서비스이다. 컨설턴트는 주도적으로 해답을 제공하는 역할을 한다. 그러나 코치는 해답을 제공하지 않고, 오히려 고객이 자신만의 해답을 발견할 수 있도록 적절한 질문과 성찰의 기회를 제공한다. 이는 '고객 속에 이미 답이 있다.'는 근본적인 신뢰에 기반한 접근이다.

테라피 또는 심리상담은 주로 과거의 상처나 트라우마, 심리적 문제를 다루는 치유의 과정이다. 반면, 코칭은 과거보다는 현재와 미래에 초점을 맞추며, 문제의 원인보다는 성장을 위한 실천과 변화에 집중한다.

이러한 차별점은 코칭이 '문제 해결'이 아닌 '가능성 발견'의 과정임을 분명히 보여 준다. 코칭은 고객을 '고쳐야 할 대상'이 아니라, 스스로 성장하고 변화할 수 있는 온전한 주체로 바라본다. 이것이 코칭만의 고유한 관점이자 가치인 것이다.

코칭의 철학적 기반

코칭은 인간에 대한 특별한 관점에서 출발한다. 그 철학은 크게 세 가지 개념을 중심으로 이해할 수 있다.

첫째, 코칭은 인간을 전인적(Holistic) 존재로 바라본다. 이는 사람을 단순히 행동이나 성과로만 평가하지 않고, 감정, 신념, 가치, 신체, 관계, 환경 등 다양한 차원이 통합된 전체적 존재로 인식함을 의미한다. 코치는 고객의 특정 문제나 목표만이 아니라, 그의 삶 전체를 통합적으로 이해하며 접근한다.

둘째, 코칭은 모든 인간의 내적 자원이 풍부한(Resourceful) 존재라고 믿는다. 이는 모든 사람이 내면에 문제를 해결하고 목표를 달성할 수 있는 충분한 자원—지혜, 창의성, 용기, 결단력 등—을 갖고 있다는 신념이다. 코치는 고객이 자신의 강점, 경험, 가치를 인식하고 활용할 수 있도록 돕는 역할을 한다. 곤경에 처한 사람에게 필요한 것은 새로운 자원보다도 이미 가지고 있는 자원을 먼저 발견하고 활용하는 방법인 것이다.

셋째, 코칭은 인간이 창의적(Creative)인 존재라는 것을 믿는다. 사람은 끊임없이 새로운 가능성을 탐색하며, 스스로 삶의 방향을 설계할 수 있는 창의적 존재라는 것이다. 코치는 고객이 고정된 틀을 넘어서 새로운 시도와 성장을 할 수 있도록 자극하고 격려한다. 이러한 철학은 코칭이 '해결'이 아닌 '성장'의 과정이며, 코치가 전문가로서 해답을 주는 것이 아니라, 고객이 삶의 주체가 되어 스스로 선택하고 창조하도록 돕는 여정임을 분명히 한다.

존재와 행동의 통합

코칭은 '존재(Being)'와 '행동(Doing)'의 역동적인 통합으로 이해할 수 있다. 이는 코치의 내면적 태도와 외적 실천이 일관되게 작동해야 함을 의미한다.

존재의 차원은 코치의 기본 태도와 마인드셋에 관한 것이다. 여기에는 윤리적 실천과 코칭 마인드셋이 포함된다. 코치는 정직, 신뢰, 수

용, 개방성, 유연함을 바탕으로 고객을 대한다. 코치는 고객이 선택한 방향을 존중하며, 자신의 의제나 판단을 개입시키지 않는다. 이러한 태도는 고객에게 '존재의 공간(Being Space)'을 제공한다. 이 공간에서 고객은 자신을 있는 그대로 표현하고, 심층적인 성찰과 탐색을 할 수 있게 된다. 아울러 고객이 자신만의 숨은 가치를 발견하도록 동반자 역할을 해 준다.

행동의 차원은 코치가 실제로 수행하는 구체적인 기술과 실천에 관한 것이다. 국제코칭연맹(ICF)의 핵심 역량에 따르면, 코치는 다음과 같은 행동을 실천한다.

먼저, 고객과 코칭의 목표, 역할, 방식에 대해 명확히 합의하고 일관되게 유지한다. 또한 고객이 심리적으로 안전하게 자신을 드러낼 수 있도록 신뢰의 공간을 조성한다. 코치는 현재 순간에 온전히 집중하며, 고객을 적극적으로 경청하고, 강력한 질문을 통해 고객의 자각을 유도한다. 또한 고객 스스로 자기를 인정하고 격려하고 자기에게 필요한 말을 해주도록 지지해 준다. 마지막으로, 고객의 성장을 촉진하고, 내면의 자원이 실제 행동으로 이어지도록 지원한다.

이 두 차원은 분리된 것이 아니라 유기적으로 연결되어 있다. 코치의 존재 방식(Being)은 그의 모든 행동(Doing)의 토대가 되며, 역으로 코치의 행동은 그의 존재 방식을 구체적으로 표현한다. 코칭이 단순한 테크닉의 적용이 아니라 인간 대 인간의 진정한 만남이 되기 위해서는, 이 두 차원의 일관성과 통합이 필수적이다. 코칭은 단순히 질문 기술을 구사하는 것이 아니라, 신뢰와 집중, 책임감을 바탕으로 이루어지는 창조적 대화인 것이다.

알아차림과 성장의 촉진

코칭의 핵심은 고객이 자신에 대한 인식을 확장하고, 그것을 통해 자기 알아차림을 추구함으로써 원하는 삶을 스스로 설계하도록 돕는 것이다. 이 과정에서 코치는 조언자가 아니라 거울이며 촉진자이다. 코치는 고객이 자신의 내면에 있는 해답을 발견할 수 있도록 깊이 있는 질문과 적극적 경청으로 지원한다.

또한 코칭은 고객의 사고방식 전환을 돕는 역할을 한다. 예를 들어, 실패를 두려워하고 회피하는 '고착화된 마인드셋(fixed mindset)'을 가진 고객이, 도전과 학습을 즐기며 '성장하는 마인드셋(growth mindset)'으로 전환할 수 있도록 지원한다.

이러한 코칭 과정을 통해 고객은 자신의 삶에 더 주도적으로 참여하게 된다. 그들은 자신의 가치와 목표에 맞는 의미 있는 변화를 만들고, 자율적으로 책임을 실행하면서 지속 가능한 성장을 이룬다. 코칭은 고객이 단기적인 문제 해결을 넘어, 근본적인 자기 성장과 자아실현의 여정을 걸어갈 수 있도록 돕는 것이다. 이것이 코칭이 가진 깊은 실천적 의미이다.

삶을 창조하는 동반자로서의 코칭

코칭은 궁극적으로 사람이 자기답게 살아가도록 지지하는 동반자적 여정이다. 코치는 길을 안내하는 전문가가 아니라, 고객이 스스로 길을 찾고 전진할 수 있도록 함께 걷는 사람이다. 이런 의미에서 코칭은 단순한 문제 해결 기술이 아니다.

그것은 삶의 본질에 질문을 던지고, 자신만의 해답을 찾도록 돕는 철학이자 태도이다. 그 철학은 변화를 강요하지 않고, 성장을 유도하지 않으며, 그저 그 사람의 가능성과 자유 의지를 믿고 신뢰하는 방식으로 실현된다.

삶은 '해결'해야 할 문제가 아니라 '창조'해야 할 서사이다. 코칭은 그 서사를 함께 써 내려가는 여정이며, 우리가 자신의 이야기를 주체적으로 써 내려갈 수 있도록, 때로는 질문하고, 때로는 경청하며, 때로는 함께 침묵하는 동반자적 여정인 것이다. 이것이 코칭의 가장 깊은 본질이자 가치라 할 수 있다.*

당신에게 던지는 코칭 질문

당신은 지금 어떤 질문 앞에 서 있나요?

* 참조: 박창규, 원경림, 유성희(2022). 마스터풀 코치가 갖추어야 할 코칭 핵심 역량. 학지사

셀프 코칭이란

타인의 것이 아닌, 나만의 나침반으로

우리는 살아가며 끊임없이 외부의 기준에 노출된다. 사회의 기대, 타인의 평가, 비교와 속도에 갇히면서 어느 순간 '진짜 나'의 목소리는 희미해진다. 삶의 방향은 바깥의 나침반에 영향을 받아, 내면의 나침반은 어디를 가리키는지 알 수 없게 되는 경우가 발생한다.

이런 혼란 속에서 우리에게 필요한 것은 누군가의 조언이나 정답이 아니다. 바로 내 안에서 울리는 질문, "나는 지금 무엇을 향해 가고 있는가?" "이 삶은 진정 나의 것인가?"와 같은 물음이다. 이처럼 스스로에게 던지는 질문의 힘은 타인이 던지는 어떤 질문보다 깊은 울림을 준다.

셀프 코칭(self-coaching)은 타인의 도움 없이 스스로에게 의미 있는 질문을 던지고, 그 답을 찾아가는 자기 성찰의 여정이다. 이는 단순한 자기계발이 아닌, 철학적 질문과 심리적 통찰이 만나는 깊은 내면의 대화라 할 수 있다. 지금부터 셀프 코칭이 무엇이며, 어떻게 삶 속에서 실천될 수 있는지를 함께 살펴보자.

셀프 코칭의 본질, 자기 알아차림과 내면의 대화

셀프 코칭은 자기 알아차림(self-awareness)에서 시작된다. 이는 '나는 이런 사람이야.'라는 단순한 이해를 넘어, 지금 이 순간 내 안에서 어떤 감정이 일어나고, 어떤 생각이 스쳐 가는지를 비판 없이 바라보는 힘이다. 마치 맑은 거울이 대상을 있는 그대로 비추듯, 자신의 내면을 투명하게 바라보는 시선이 필요하다.

자기 알아차림은 여러 방식으로 이루어질 수 있다. 도서를 통해, 매일의 저널링을 통해, 명상을 통해, 혹은 자연과의 대화를 통해서도 가능하다. 나는 한때 뒷산을 오르며 나무 한 그루를 정해 안고 대화를 나누곤 했다. 그 순간 나무는 내 마음을 비추는 거울이 되었고, 나는 내 감정에 이름을 붙이며 스스로에게 말을 걸었다. 그 작은 연습은 나를 나에게로 되돌려주는 중요한 시간이 되었다.

특히 '질문'은 통찰을 여는 열쇠이다. "나는 누구인가?" "무엇을 중요하게 여기는가?" "왜 이 감정을 느끼는가?" 이 질문들은 단순한 호기심이 아니라, 내면의 나침반을 회복시키는 성찰의 문이다. 이러한 과정에서 우리는 타인의 질문과 평가에 휩쓸리지 않고, 스스로에게 질문을 던지고 그 답을 찾는 자기 성찰의 실천을 하게 된다.

동양적 성찰과 관찰 - 관조 - 통찰의 흐름

셀프 코칭은 서양의 코칭 방법론만이 아니라 동양의 성찰 전통과도 깊이 맞닿아 있다. 불교의 자신의 몸과 마음을 있는 그대로 관찰하고 통찰 수행하는 위빠사나 명상, 유교의 성찰(省察), 도가의 앉아서 잊는다는 좌망(坐忘)은 모두 자기 마음을 들여다보는 방법을 가르쳐 왔다. 이러한 전통들은 외부의 소음을 잠시 멈추고 내면의 목소리에 귀 기울이는 지혜를 담고 있다.

셀프 코칭의 첫 걸음은 관찰(Observation)이다. 감정이나 생각을 억누르지 않고, 지금 일어나는 것을 있는 그대로 바라보는 일이다. "나는 지금 불안하다." "나는 회피하고 있다."고 판단 없이, 마치 풍경을 바라보듯 자신의 내면을 인식하는 것이 관찰이다. 이것은 자신을 비난하거나 평가하지 않는 중립적인 시선이다.

다음 단계는 관조(Contemplation)이다. 관찰이 감정을 바깥에서 비추는 거울이라면, 관조는 감정 안으로 깊이 들어가 의미와 뿌리를 되묻는 태도이다. "그 감정은 어디에서 비롯된 것일까?" "그 감정에 이름을 붙이면 뭐라고 부를 것인가?" 같은 질문을 통해 감정의 이면을 탐색한다. 관찰은 객관적 응시이고, 관조는 본질을 향한 내면의 몰입이다.

이 두 흐름이 함께 작동할 때 우리는 통찰(Insight)에 이른다. 통찰은 자신과 세상을 바라보는 새로운 이해이다. 통찰은 삶을 해석하는 방식을 바꾸고, 그 해석은 곧 우리의 선택과 행동의 방향을 변화시킨다. 이것이 셀프 코칭이 추구하는 변화의 핵심이다.

삶을 재설계하는 실천

셀프 코칭은 단지 감정을 인식하는 데서 그치지 않는다. 그 감정이 왜 일어났는지, 어떤 메시지를 담고 있는지 이해하고, 새로운 선택으로 이어져야 한다. 인식과 알아차림은 변화의 시작점이지, 끝이 아니다.

예를 들어, "나는 왜 늘 방어적인가?"라는 질문은 '상처받기 싫다.'는 두려움과 '인정받고 싶다.'는 욕구를 드러낸다. 이를 인식한 사람은 더 이상 무의식적인 반응에 지배당하지 않고, 의식적인 태도와 행동을 선택할 수 있게 된다.

나 역시 실패, 수치심, 후회를 주제로 여러 번 셀프 코칭을 해 왔다. 그 과정에서 과거의 경험이 현재의 행동 패턴에 어떻게 영향을 미치는

지 깨달았고, 그 지배에서 벗어날 수 있는 자유를 경험했다.

질문은 과거의 피해자였던 나를 미래의 설계자로 이끈다. "지금 나는 어떤 태도를 선택하고 있는가?" "이 상황에서 내가 배울 수 있는 것은 무엇인가?" 이런 질문들은 나를 상황의 피해자가 아닌, 삶의 주인공으로 세운다. 셀프 코칭의 힘은 바로 이런 방향 전환에 있다.

내면의 두 자아, 나1과 나2의 대화

셀프 코칭은 결국 외적 자아와 내면의 자아, '나1'과 '나2'의 대화이다. '나1'은 매일을 살아가는 현실의 나로, 감정에 휘둘리고 실수하며 하루 하루를 살아가는 자아이다. '왜 또 실수했지……'라고 말하며 한숨 쉬는 목소리가 나1이다. 이 나1은 조급하고, 불안하며, 때로는 자신을 비난하기도 한다.

'나2'는 그런 나1을 조용히 바라보는 존재이다. 판단하지 않고 다정하게 묻는다. '왜 그랬을까?' '그 마음은 어디서 왔을까?' 나2는 감정에 휘둘리지 않고, 넓은 시선으로 나1의 경험을 성찰로 바꾸는 힘을 가졌다. 이 나2는 비판자가 아닌 안내자이며, 조용한 내면의 지혜이다.

흥미로운 점은 셀프 코칭에서 나2가 반드시 나 자신의 일부일 필요는 없다는 것이다. 하늘, 나무, 고독, 침묵도 나2가 될 수 있다. 중요한 것은 '나를 바라보는 시선'이다. 그 시선을 통해 내면과의 대화가 시작되고, 그 대화를 통해 우리는 자신에 대한 새로운 이해에 도달한다.

매일 10분, 자기다운 삶을 향한 여정

셀프 코칭의 궁극적 목적은 '자기답게 사는 것'이다. 타인의 기대나 과거의 습관이 아닌, 내면의 가치와 신념에 따라 나의 삶을 선택하는 힘. 소크라테스의 '너 자신을 알라.'는 조언을 실천하는 이 과정은 자기결정의 힘을 강화하고, 진정한 자유를 향한 여정이다.

이 여정은 특별하거나 거창하지 않다. 매일 10~15분, 자신과 대화할 시간을 마련하고 감정을 기록하며, 의미 있는 질문 하나를 품는 일. 그 꾸준한 실천이 자기다운 삶을 향한 나침반이 되어 줄 것이다. 은퇴 후의 삶이든, 새로운 도전의 순간이든, 인생의 어떤 전환점에서도 셀프 코칭의 원리는 우리가 자기다운 삶을 찾아가는 길잡이가 될 것이다.

그리고 우리는 이렇게 묻는다. "나는 지금 어떤 질문 앞에 서 있는가?" "그 질문은 나를 어디로 이끄는가?" 관조할 줄 아는 사람만이, 삶의 방향을 바꿀 수 있다. 셀프 코칭은 그 방향을 바라보는 연습이다. 사람은 남이 묻는 질문보다, 스스로에게 던지는 질문에 더 깊이 반응한다는 사실을 기억하자. 즉, 자기 자신에게 호기심을 가지고 있는 사람은 자신에게 필요한 강력한 질문을 할 수가 있다. 자신으로부터 강력한 질문을 받으면 내면 깊이의 알아차림을 통한 깨우침을 얻을 수 있다.

당신에게 던지는 코칭 질문

지금 당신 안에서 어떤 질문이 당신을 부르고 있나요?

삶을 움직이는 셀프 코칭

작은 질문, 큰 변화의 시작

셀프 코칭은 삶의 방향을 잃었을 때 길을 찾는 나침반과 같다. 우리는 때로 막막함과 혼란을 느낀다. 그럴 때 필요한 것은 누군가의 조언이나 거창한 계획이 아니다. 내 안의 나와 솔직하게 마주하는 시간이다.

작은 질문 하나가 내면 깊숙이 숨겨진 답을 이끌어 내기도 한다.

"나는 지금 어디로 가고 싶은가?"

"내가 진정으로 원하는 삶은 어떤 모습인가?"

삶은 우리가 겪는 사건들로 결정되지 않는다. 그 사건을 어떻게 해석하고, 어떤 의미를 부여하는가에 따라 삶의 방향이 달라진다. 혼란스럽고 불안한 순간일수록 외부에서 답을 찾기보다 스스로에게 질문을 던지고 자신의 목소리를 듣는 것이 중요하다. 질문을 통해 얻은 통찰이 실천으로 이어질 때, 셀프 코칭의 진정한 힘이 발휘된다. 작은 질문이 큰 변화의 시발점이 될 수 있다.

셀프 코칭의 핵심, 성장 마인드셋

셀프 코칭은 스스로의 내면을 깊이 있게 탐색하고, 질문을 통해 성찰을 이끌어 내는 자기 성장의 실천이다. 이는 전문 코칭의 여러 역량을 활용하지만, 가장 본질적인 핵심은 '자기 자신과 진심으로 대화하는 것'이다. 스스로를 코치로 삼아 자기 자신을 고객으로 초대하고, 자신의 마음과 생각, 감정을 조용히 들여다보는 시간은 성찰과 성장의 출발점이 된다. 다음과 같은 다짐도 나와의 코칭 관계를 맺는 데 필요한 요소들이다.

셀프 코칭의 핵심은 자기 자신에게 믿음을 갖는 데 있다. 스스로를 불신하고 자책하며 단점을 확대하는 대신, 자신 안에 존재하는 가능성과 자원을 신뢰하는 마음가짐이 필요하다. 이는 앞에서도 말했던 '성장 마인드셋'을 기반으로 한다. 그것은 '나는 변화할 수 있다.' '나에겐 잠재력이 있다.' '나는 창의력이 있다.'는 믿음을 바탕으로 하여, 지금의 문제와 한계를 단지 성장의 재료로 바라보는 태도이다.

비난하지 않고 기다리면 얻는다

셀프 코칭에서는 자기 수용의 태도를 유지하는 게 중요하다. 즉, 자신의 부족함, 상처, 실패를 부정하지 않고 있는 그대로 받아들이는 것이 첫걸음이다. 이는 나와의 신뢰감을 조성하는 것이다. 나 자신이 스스로를 비난하지 않는 안전한 공간을 만들어야 내면의 진짜 목소리가 드러난다.

답을 기다리는 인내와 열린 마음은 스스로에게 질문했을 때, 당장 답이 떠오르지 않더라도 조급하지 않게 한다. 셀프 코칭의 과정에서 인식의 전환은 때로 시간이 걸린다. 자신에게 기다릴 시간을 주는 것도 자기 존중이다.

셀프 코칭 대화를 한 이후에는 자신과의 대화를 글로 써 보거나, 소리 내어 말해 보는 것도 좋다. 이는 내면의 흐름을 더 명확하게 인식하고, 사고를 정돈하는 데 도움이 된다.

셀프 코칭도 일종의 약속이다. '이번 주 나는 하루 10분간 나 자신과 대화하는 시간을 갖겠다.' '이 문제에 대해 진지하게 탐색해 보겠다.'는 식으로 자신과의 계약을 맺자. 이 약속을 지키는 과정은 자기 신뢰를 쌓는 경험이 된다.

셀프 코칭은 궁극적으로 나와의 친밀한 관계를 회복하고, 내가 나의 가장 큰 지지자가 되는 여정이다. 누군가의 도움 없이도 스스로의 삶을 긍정적으로 변화시킬 수 있다는 경험은 큰 힘이 된다. 셀프 코칭은 특별한 기술보다도 진정성과 일관된 실천이 바탕이 될 때 의미 있는 변화를 만들어 낸다.

즉, 셀프 코칭은 나와의 관계를 회복하는 여정이며, '나는 누구인가' 라는 질문에 오늘의 삶으로 답하는 일이다.

셀프 코칭을 위한 질문 예시

– 네 마음은 지금 어떤 상태인가?

– 네가 지금 듣고 싶은 말은 무엇인가?

– 네가 정말 원하는 것은 무엇인가?

– 네가 지금 필요로 하는 말은 무엇인가?

– 네가 지금 가장 우선순위에 두어야 할 것은 무엇인가?

– 현재 너를 막고 있는 두려움은 무엇인가?

– 네가 버려야 할 생각이나 행동은 무엇인가?

– 네가 원하는 삶을 위해 오늘 시작할 작은 행동은 무엇인가?

질문을 던진 후에 내면이 응답하는 내용을 일기로 써 보거나, 하루 동안 공간을 두고 생각해 보는 것도 중요하다. 그 과정을 거치면서 얻은 통찰을 실천으로 연결할 때 셀프 코칭의 효과가 극대화된다.

셀프 코칭의 핵심 메시지

셀프 코칭은 자신을 더 깊이 이해하고, 삶을 주체적으로 살아가기 위한 과정이다. 우리는 흔히 외부의 조언이나 환경 변화에서 해답을 찾으려 하지만, 진정한 변화는 내면의 목소리를 듣고 스스로 질문하며 답을 찾는 과정에서 시작된다.

특히 스스로와의 대화는 두려움과 혼란을 이겨 내고 삶의 중심을 잡는 힘을 준다. 작은 질문이지만 내면의 나가 응답하는 방향에 따라 큰 변화를 일으킬 수 있다. 그러한 질문이 삶을 주도적으로 이끌어 가는 셀프 코칭의 출발점이 된다.

이러한 과정을 거친 셀프 코칭은 당신을 삶의 주인공으로 만들고, 더 나은 방향으로 나아가게 할 것이다. 스스로 질문을 던지는 순간, 변화는 이미 시작되는 것이다.

당신에게 던지는 코칭 질문

지금 당신 마음이 가장 정직하게 말하고 싶은 진실은 무엇인가요?

셀프 코칭 사례 1

예상치 못한 조기 은퇴 후 방황할 때의 셀프 코칭

조기 은퇴 후 스스로 답을 찾기 위한 대화

예상치 못한 조기 은퇴는 내게 깊은 고민을 안겼다.

"앞으로 나는 무엇을 하며 살아갈 것인가?"

"내가 진정으로 하고 싶은 일은 무엇일까?"

이 절박한 질문에 누구도 대신 답해 줄 수 없었다. 결국 나는 스스로 질문하고 답을 찾아야 했다. 그리고 이러한 과정은 나와의 깊은 대화로 이어졌다.

나1: 앞으로 뭐하며 살지?

나2: 그동안 꽤나 고민하지 않았니?

나1: 그래. 몇 가지 가능성은 탐색했어. 내가 할 수 있는 일을 정리했고, 그중 하나를 고려하고 있어.

나2: 마음에 와 닿는 일이 있어?

나1: 하고 싶은 일은 아니지만, 적응할 수 있는 일은 있어. 제법 큰 규모의 지하철 청소관리 업체인데 보수도 좋아. 군에서 조직 관리했던 경험이 도움이 될 것 같아.

나2: 네가 여러 가지로 검토해 봤겠지. 그런데 그 일은 네가 원하는 일이야?

나1: 음…… 솔직히 하고 싶은 건 아니야. 하지만 해 보는 것도 나쁘지는 않을 것 같아. 일단 시작해 보고 방향을 바꿀 수도 있을 것 같고.

나2: 그렇구나. '해 보는 것도 나쁘지 않을 것 같아.'라고 한 말과 '솔직히 하고 싶은 건 아니야.'라는 말이 서로 다른 방향 같아 걸리네. 어떻게 생각해?

나1: 귀신이네. 내 흔들리는 마음을 알아차리니. 너라면 어떻게 하겠어?

나2: 일단 네가 결정한 이야기 들어 보고 또 이야기하지. 너도 더 생각해 봐. 네가 정말 원하는 것인가 말이야.

셀프 코칭 해설

이 대화는 얼핏 보면 혼잣말 같지만, 사실은 두 개의 자아가 서로 소통하는 과정이다.

"하고 싶은 건 아니야."라는 말은, 여전히 외부 상황에 의해 나1이 제한받고 있음을 나2가 알아차리고 있음을 보여 준다.

그런 자각을 통해, 우리는 스스로에게 더 깊은 질문을 던지게 된다. 진짜 원하는 것과 현실 가능한 선택 사이에서 갈등하는 이 대화는, 내면의 진실에 다가가는 첫걸음이다.

결국 중요한 것은 '무엇을 할 수 있느냐'가 아니라, '무엇이 내 안에서 진심으로 살아 움직이느냐'는 물음인 것이다.

셀프 코칭 사례 2

직업의 갈림길에서 방향을 찾게 해 준 셀프 코칭

혼란이 찾아 준 새로운 기회

식당 체인을 운영하는 사장님의 요청으로, 일주일간 여러 매장을 둘러보고 관리와 교육 시스템을 살펴보기로 했다. 조건은 나쁘지 않았고, 보람도 있을 듯했다. 하지만 시간이 흐를수록 설명하기 어려운 감정이 고개를 들기 시작했다. 겉보기에는 모든 것이 괜찮았지만, 마음은 자꾸 "이건 아니야."라고 속삭이고 있었다. 그때, 나는 나 자신과 대화하기 시작했다.

나2: 요즘 식당 쪽 일에 출근 중이라던데, 해 보니까 어땠어?

나1: 처음엔 괜찮았어. 서울에만 일곱 개 식당이 있고, 시스템도 잘 갖춰져 있더라고. 교육 컨설팅도 충분히 도울 수 있었고.

나2: 그런데 얼굴에 망설임이 있어 보여. 무슨 일 있었어?

나1: 설명하긴 어렵지만…… 자꾸 마음이 빠져나가는 기분이었어. 끌려가는 느낌, 내가 주체가 아니라는 감각. 그게 계속 걸렸지.

나2: 마음이 안 따라오면, 아무리 조건이 좋아도 무언가 중요한 걸 놓친 기분이 들지. 그 감정, 그냥 넘기긴 어렵지 않았을까?

나1: 맞아. 딱 그거였어. 그때 떠오른 말이 있었거든. 간디가 말했지, "너는 지금 무엇으로 타오르고 있니?"

그리고 빅터 프랭클의 말도 생각났어. "살아야 할 이유가 생존을 가능하게 만든다."

나2: 그 말들이 너한테 어떤 의미로 다가왔어?

나1: 일이 중요한 게 아니라, 그 일이 내 안에서 어떤 의미를 품고 있느냐가 중요한 거야. 지금 내가 하는 이 일이, 나를 타오르게 하진 않았어.

나2: 그러면 너에게 지금 필요한 건 뭔가를 결정하기보다, 스스로를 좀 더 깊이 바라보는 시간이 아닐까?

나1: 나도 그렇게 생각했어. 그래서 다시 산에 오르기로 했지. 조용한 곳에서, 조금 떨어져서 나를 들여다보고 싶었어.

산 위에서의 통찰

나2: 산에서는 어떤 느낌이었어?

나1: 고요했어. 바람, 나무, 침묵…….

그러다 문득 떠오른 기억이 있었지. 어릴 적 마당 평상에 누워 별을 보며 잠들던 나. 말보다 먼저 빛을 느끼고, 소리보다 먼저 침묵을 들었던 그 아이가 떠올랐어.

나2: 그 아이가 지금의 너에게 뭐라고 말했을까?

나1: 이렇게 말하는 것 같았어.

"괜찮아. 넌 늘 길 위에 있었어. 잠시 잊고 있었을 뿐이야."

나2: 산 위에선 스스로에게 어떤 질문을 던졌어?

나1: 이런 질문들이 계속 떠올랐지.

- 나머지 인생에서 내가 진정으로 원하는 건 뭘까?
- 돈이나 명예가 아닌, 나에게 의미를 주는 일은 무엇일까?
- 내가 가장 자랑스러웠던 나의 모습은 어떤 모습이었지?
- 지금 내가 붙들 수 있는 자원은 무엇일까?
- 내가 나 스스로 감동할 수 있는 삶은 어떤 모습일까?
- 삶이 끝날 때, 나는 어떤 사람으로 기억되고 싶은가?

나2: 대답은 나왔어?

나1: 아니. 오히려 그 질문들이 내 안의 혼란을 정리해 줬어. 감정들이 조용히 자리를 바꾸고, 오래 덮여 있던 진심이 고개를 들더라.

나2: 그 이후, 어떤 선택을 했어?

나1: 2주 후, 나는 계약서에 사인하지 않았어.

조건도, 환경도 나쁘지 않았지만…… 그 길을 '내 길'이라 말할 수 없었거든.

나2: 도망이 아니라, 너의 진심에서 멈춘 거구나.

나1: 맞아.

"나는 지금, 이 길로 가려고 하고 있다."

그 말이 내 안에서 진심으로 나올 수 있을 때까지, 기다리기로 했어.

셀프 코칭 해설

이 셀프 코칭 사례는 겉으로는 좋은 제안 속에서도, 마음이 보내는 미세한 신호를 무시하지 않고 스스로에게 질문을 던진 결과이다. 나1은 감정의 혼란을 놓치지 않았고, 나2는 그 혼란을 조심스럽게 파고들어 진짜 질문으로 이끌었다. '어떤 일을 할까'가 아니라 '어떤 존재로 살고 싶은가'라는 물음은 셀프 코칭의 핵심이자, 이 사례의 전환점이 되었다.

"마음이 움직이지 않는 길은, 내 길이 아니다."

그 한마디는, 자신의 삶을 자기 손으로 다시 쥐는 사람의 선언이자, 셀프 코칭이 이끄는 자리이다.

셀프 코칭 사례 3

코치로서 내면의 길이 흔들리고 있을 때 하늘과의 셀프 코칭

함덕에서 들은 속삭임

코치로서의 길에 접어들었지만 내면의 길은 여전히 흔들리고 있을 때 나는 하늘과의 셀프 코칭을 한 적이 있다. 사람은 때때로 하늘에게 코칭을 받아야 할 때가 있다. 특히나 누군가의 말이 아닌, 침묵의 존재에게 묻고 싶을 때가 있을 때는 더욱 그렇다.

20여 년 전, 나는 함덕의 모래 위에 홀로 앉아 있었다. 바다는 푸른 물결로 춤추고, 하늘은 말없이 내려다보았다. 바람은 얼굴을 쓰다듬고, 파도는 조용히 발등을 적셨다. 갈매기들이 하늘을 가르며 자유롭게 날아올랐다.

그 모든 것이 하나의 생명처럼 나를 감싸 안았다. 나는 조용히 속삭였다.

나: **하늘이여, 오늘 당신께 코칭을 받으러 왔습니다.**

말은 바람에 흘러 사라졌지만, 그 순간부터 하늘은 내 안에 들어왔다. 바람의 숨결 속에서, 파도의 리듬 속에서, 내면 깊은 곳에서 한 줄기 목소리가 울려왔다.

하늘: 그래, 잘 왔구나. 무엇이 그리 무겁더냐?

말문이 트이기까지 시간이 걸렸다. 하지만 그날의 하늘은 모든 것을 들어줄 준비가 되어 있었다. 나는 천천히 고백했다.

나: 숨 쉬고, 먹고, 일하고 살아갑니다. 하지만…… 그게 다인가요? 삶이, 공허합니다. 의미가 없습니다.

하늘은 말없이 응답했다. 그 침묵은 별빛처럼 조용히 내 안으로 스며들었다. 그리고 마침내, 첫 번째 메시지가 들려왔다.

첫 번째 메시지 - 너 자신이 되어라

하늘: 너는 너라는 이름으로 이 세상에 왔단다. 바람을 흉내 내지 말고, 별을 쫓아 흘러가지도 말고, 오직 너라는 고유한 진동으로 살아가거라.

나는 눈을 감고 그 말을 오래도록 음미했다. 오랜 시간, 남의 기대에 맞추려다 나는 나 자신을 부정하며 살아오면서 내 안의 빛이 점점 희미해 졌음을 알게 되었다.

나: 하지만 하늘이시여, 저는 저조차 제가 누군지 모르겠습니다.

하늘은 조용히 웃었다.

하늘: 네가 기쁨을 느낄 때를 떠올려 보렴. 온전히 살아 있다고 느낀 순간들. 그 안에 진짜

네가 있단다. 세상의 소리에 귀 기울이느라, 너의 속삭임을 놓친 채 살아왔구나.

그 말에 가슴이 아프면서도 어딘가 치유 받는 느낌이었다. 나는 처음으로, 나 자신을 따뜻하게 바라보았다. 그 순간, 갈매기 한 마리가 내 앞에서 휘익 소리를 내며 푸른 하늘을 크게 돌고 갔다. 그 자유 속에서 나도 조금 가벼워지는 듯했다.

두 번째 메시지 - 매일 나를 만나라

해가 기울고 바다는 황금빛으로 물들었다. 하늘은 다시 속삭였다.

하늘: 매일 나를 만나 보렴.

나: 하늘을 매일 바라보라는 뜻인가요?

하늘: 그래. 그리고 그보다 더 깊이. 매일 너 자신의 내면을 바라보듯 나를 만나렴. 바쁜 일상 속에서도 하루 한 번, 고요히 너 자신을 만나는 시간을 가져 보거라. 그게 곧 나를 만나는 것이란다.

나: 그러면, 무엇이 달라지나요?

하늘은 한 박자 쉬고 말했다.

하늘: 처음엔 아무 변화도 없는 듯할 거야. 하지만 그 시간이 쌓이면, 너는 점점 더 너의 목소리를 분명히 들을 수 있을 거야. 결정의 순간에도 흔들리지 않을 것이고, 타인을 도울 때에도 깊은 공감과 통찰이 자라날 것이다.

그 말이 끝나자, 파도가 살며시 발등을 스치고 지나갔다. 하늘이 보내 준 손길처럼 느껴졌다. 나는 다짐했다. 매일 아침, 하늘을 바라보자. 그리고 저녁엔, 나 자신과 대화하자. 그것이 진짜 나로 살아가는 첫걸음임을 알았기에.

세 번째 메시지 – 성장의 여정을 믿어라

하늘은 점점 붉어졌고, 어둠이 해안을 덮기 시작했다. 그 속에서 마지막 메시지가 들려왔다.

하늘: **너의 성장은 이미 시작되었단다. 그리고 나는 언제나 너와 함께 걷고 있지.**

나는 조용히 고백했다.

나: **하늘이시여, 저는 약합니다. 은퇴 후, 시련 앞에서 무너질까 두렵습니다.**

하늘은 잔잔하게 말했다.

하늘: **괜찮단다. 시련은 너를 꺾으려는 것이 아니라, 네 뿌리를 더 깊게 내리게 하려는 바람이란다. 폭풍도 지나면 고요가 오듯, 고통 또한 평화를 데려오지. 너 안에는 아직도 발견되지 않은 힘이 숨 쉬고 있단다.**

나는 하늘을 올려다보았다. 그곳엔 판단도, 다그침도 없었다. 그저 함께 있어 주는, 넓고 깊은 존재가 있었다.

그리고 80이 넘은 어느 날 결혼 50주년을 맞아, 아내와 함께 제주도 여행 중 다시 함덕을 찾았다. 하늘은 예전처럼 푸르고, 바다는 여전히 춤을 추고 있었다. 나는 모래 위에 조용히 앉아, 다시 속삭였다.

나: **하늘이여, 그간 저는 당신이 주신 메시지를 많이 성찰하며 살았습니다. 저에게 더 해 줄 말이 있나요?**

하늘은 잠시 머뭇대다, 반가운 듯 말했다.

하늘: **다시 왔구나. 고맙다. 그동안 무엇을 알아차렸느냐?**

나는 미소 지으며 대답했다.

나: **저 자신이 누구인지, 어디로 가고 싶은지, 그 물음에 자주 귀 기울였습니다. 그리고…… 스스로 묻는 것이 곧 알아차림이라는 걸 알게 되었습니다.**

하늘: **그래, 그것이 너다운 모습이구나. 그 고유함을 살아 준 너에게 고맙다.**

나는 하늘에게 인정 받은 느낌으로 마음이 뿌듯해졌다. 앞으로의 내가 또 기대되었다. 왜냐하면, 오늘도 여전히 하늘은 그 자리에서 나와 함께 걷고 있으니까.

그날 함덕 해변에서 들은 하늘의 속삭임은 내 삶의 방향에 대해 은근한 자신감을 갖게 해 주었다. 나는 더 이상 공허 속에 머무르지 않는다. 하늘의 언어를 기억하며, 매일 나를 만나고, 성장을 믿고 살아간다. 언젠가 나도, 누군가의 길 위에 따뜻한 빛을 비추는 존재가 되기를.

하늘처럼 조용히, 그러나 분명하게.

셀프 코칭 해설

이 셀프 코칭 사례는 코치로서의 역할을 수행하면서도 내면의 흔들림을 경험할 때, 외부의 조언이나 기술이 아닌 자연과의 깊은 연결을 통해 스스로에게 질문을 던지고 방향을 찾아가는 과정을 보여 준다. 함덕 해변이라는 조용한 공간에서 이루어진 이 경험은, 하늘과의 묵언 대화를 통해 자신을 바라보는 시간의 가치와 존재의 의미를 되새기는 명상적 여정이다. 코칭은 때로 누군가의 말보다, 고요한 자연 앞에 선 나 자신과의 대화에서 시작된다.

삶이 공허하게 느껴질 때, 하늘은 판단이나 해결책 없이 '그저 함께 있어 주는 존재'로 다가오며, 화자는 그 침묵 속에서 자신의 내면과 다시 연결된다. 이 사례는 코칭이란 기술이 아니라, 날마다 반복되는 작고 고요한 자기 성찰의 태도에서 시작된다는 것을 일깨운다. 결국 진정한 변화는 외부의 정답이 아니라, 이미 내 안에 있는 조용한 중심과의 지속적인 만남을 통해 이루어진다는 메시지를 전한다. 삶의 방향은 거창한 답이 아닌, 조용히 나를 바라보는 그 순간들 속에서 서서히 드러난다.

한 방향 정렬 기초 다지기

발원, 목적, 목표, 정체성 네 개의 축 정렬

한 방향 정렬이란 말은 단순히 여러 요소가 같은 방향을 향한다는 의미를 넘어, 삶의 본질적인 에너지가 하나의 축을 중심으로 조화롭게 작동하는 상태를 말한다. 여기에는 네 가지 핵심 축이 있다. 즉, 발원, 목적, 목표, 정체성이다.

발원은 내가 이 삶을 시작하게 된 출발점, 즉 내 안에서 솟구치는 동기와 열정의 원천이다. 타인의 기대나 외부의 강요가 아니라, 진정 내가 '왜' 이것을 하려 하는지에 대한 내면의 울림이다.

목적은 보다 깊은 차원에서의 방향성과 의미를 담고 있다. 이것은 '왜 그것을 해야 하는가'에 대한 질문으로 연결된다. 목적이 불분명하면 목표를 이루고도 공허함이 남는다.

목표는 구체적이고 측정 가능한 성취 지점이다. 예를 들어, 특정 직업을 얻는 것, 책을 출간하는 것 등이 될 수 있다. 이는 '무엇을 할 것인가'에 대한 답이다. 때로는 목적과 목표의 순서가 바뀔 수도 있다.

정체성은 내가 누구인지에 대한 자기 인식이다. 내가 어떤 존재로 이 세상을 살아가고 싶은지에 대한 명확한 감각이 없으면 외적 성취는 지속 가능하지 않다.

이 네 요소가 일직선으로 정렬될 때, 우리는 에너지를 분산시키지 않고 하나의 길로 나아갈 수 있다. 이는 마치 나침반의 바늘이 북쪽을 가리킬 때처럼 삶의 방향성을 분명히 해 준다. 한 방향 정렬이 된 사람은 외부의 평가나 유혹에 흔들리지 않고, 내면의 확신을 따라 안정감 있게 나아갈 수 있다.

끊임없는 성찰과 재정렬 거쳐 한 방향 정렬

반면, 이 요소들이 서로 다른 방향을 향하고 있다면, 삶은 종종 모순과 내적 갈등으로 혼란스러워진다. 예를 들어, 목표는 돈을 많이 버는 것이지만, 목적은 사람들과 진심으로 연결되는 삶이라면, 목표 성취 후에도 깊은 허무감을 느끼게 될 수 있다.

한 방향 정렬은 단번에 이루어지는 것이 아니라, 끊임없는 성찰과 재정렬의 과정을 통해 이루어진다. 셀프 코칭이 바로 그 과정에 큰 도움을 준다. 스스로에게 묻고, 귀 기울이며, 조화를 이루는 방향으로 삶을 조율해 나가는 것. 그것이야말로 삶의 중심을 세우는 가장 진실한 여정이다.

당신에게 던지는 코칭 질문

지금 당신의 삶은 어디에서 가장 크게 '나와의 불일치'를 느끼고 있나요?

발원, 초발심의 기초 다지기

초발심과 발원의 차이

'발원(發願)'은 불교에서 사용하는 개념이다. 어떤 목표나 소망을 이루기 위해 마음 깊이 결심하고, 이를 실현하려는 의지를 표현하는 행위이다. 단순한 바람이 아니라 진심과 강한 결단이 담긴 의지이다.

'초발심(初發心)'은 '처음 마음을 일으킨다.'는 뜻이다. 불교 수행의 첫 단계로, 깨달음을 향한 첫 결심을 의미한다. 불교에서는 이 순간을 수행의 시작점이자 궁극적인 깨달음으로 가는 첫걸음으로 여긴다.

발원은 마음만 먹으면 언제든지 할 수 있다. 원하는 바를 마음에 새기고, 그것을 향해 나아가겠다고 거듭 다짐하는 과정이다. 상황이 바뀔 때마다, 마음이 흔들릴 때마다 다시 해도 된다. 어쩌면 발원은 삶 속에서 수없이 반복되는 '내면의 재결심'이라 할 수 있다.

반면, 초발심은 다르다. 삶의 흐름을 바꾸는 결심은 어느 날 갑자기 흔하게 찾아오는 것이 아니라, 마치 긴 여행길에서 우연히 마주치는 빛 한 줄기처럼 드물고 귀하다. 사람마다 평생 한두 번, 많아야 몇 번밖에 오지 않는 순간. 그러나 그 찰나의 마음속에는 이미 '끝까지 가보겠다.'는 깊은 뜻이 숨어 있다. 마치 씨앗 속에 이미 숲이 들어 있는 것처럼.

열한 살 김연아(바이올리니스트)도 그랬다. 그 아이가 네 살 무렵 부모님과 우연히 지나친 바이올린 학원에서, 여러 아이가 합주하는 장면을 본 순간이었다. 활이 오르내리고, 작은 몸들이 음악을 따라 흔들리는 그 짧은 순간이 어린 마음을 단숨에 사로잡았다. 그리고 그 작은 울림이 훗날 전 세계를 감동시킨 큰 울림의 씨앗이 되었다. 아이들은 원래 장난감을 보고도 꿈을 꾸지만, 이 아이는 바이올린을 보며 인생을 꿈꿨다.

초발심, 완성을 품은 시작

초발심은 단순한 시작이 아니다. 그 출발 속에는 이미 완성의 씨앗이 들어 있다. 그래서 초발심은 종교적인 개념을 넘어 삶 전체를 꿰뚫는 통찰로 다가온다. 일상 언어로 풀어보면, 초발심은 '처음 그 마음' '처음 결심했던 그 자리' '왜 시작했는지를 기억하는 힘'이다. 이 마음은 삶의 끝에서 완성된 모습을 상징하는 동시에, 우리가 방향을 잃었을 때 돌아갈 수 있는 정신의 원점이다. 세상은 늘 변하고, 감정은 요동치며, 현실은 냉혹하다. 그 속에서 초발심은 닳지 않는 마음의 원석이자, 길을 잃지 않도록 이끌어 주는 내면의 나침반이다.

나의 경우, 6 · 25 전쟁의 피난길에서 결심한 말이 있다. "다시는 이 땅에 전쟁이 일어나지 않게 하는 장군이 되겠다." 어린 시절의 그 결심을 마음에 새기고 군인의 길을 선택했다. 이게 나에게는 초발심이다. 그 마음을 흔들리지 않고 30년 넘게 군에 헌신한 삶을 살아 냈다. 군 생활하는 동안에는 역경에 처할 때마다 그 초발심으로 돌아가곤 했다. 열 살 아이가 무의식적으로 품었던 그 마음은 단순한 동기가 아니라, 삶을 이끈 에너지였고 방향을 지켜 준 힘이었다.

한편, 이런 이야기 또한 있다.

"스승님, 저는 자꾸 초발심을 잃습니다."

"그건 초발심이 사라진 게 아니라, 네가 너무 바빠서 조용히 앉아 있는 그 마음을 못 본 것뿐이다."

초발심은 사라지지 않는다. 우리가 삶에 치여 잊고 지낼 뿐이다.

기초 다지기의 핵심은 자기 삶의 초발심이 무엇이었는지를 되짚는 일이다. 과거의 것이든, 지금 새롭게 떠오른 것이든, 우리는 인생의 전환점마다 '다시 시작하는 마음'을 필요로 한다. 은퇴 후의 삶, 혹은 새로운 사명의 길에서도 또 하나의 초발심을 품을 수 있다. 지금 내 안에 어떤 발원이 살아 있는지를 자문하고, 그 목소리에 귀를 기울여야 한다. 그것이 초발심이 되는 삶의 여정의 시작이다. 나에게 지금 필요로 하는 것이 초발심이다. 인생의 끝에서 다시 만나는 초발심 말이다.

당신에게 던지는 코칭 질문

지금 당신이 조용히 다시 불러들이고 싶은 '처음 마음'은 무엇인가요?

셀프 코칭 사례 4

초심과 목표를 한 방향으로 정렬한 셀프 코칭

이게 정말 내가 원하던 건가?

나1: 오랜만이야. 요즘은 하고 싶은 일도 많고, 리더십이나 코칭에 대한 공부도 하고 있어. 그런데 한편으로는 이런 생각이 들더라. '인생을 큰 그림으로 보면, 정말 중요한 건 뭘까?'

나2: 이제 삶이 깊어지고 있구나. 사실 나도 그 질문을 오래 고민했어. 결론적으로 말하면, 나는 그걸 '한 방향 정렬'이라고 불러. 생각할수록 중요한 의미가 내포되어 있는 것 같아.

나1: 한방향 정렬? 말은 들어 봤는데, 네가 말하는 건 뭔가 더 깊어 보인다.

나2: 그래. 내가 말하는 한 방향 정렬은 '발원, 목적, 목표, 정체성'이라는 네 가지가 하나의 방향을 향해 정렬되어 있는 상태를 말해.

나1: 네 가지가 한 방향을 향한다는 건 무슨 뜻이야?

나2: 보통 우리는 목표부터 세우고 달리잖아. 그런데 왜 그걸 하는지(목적), 무엇에서 출발했는지(발원)는 잘 묻지 않아. 그 결과, 도착해도 허무함만 남는 경우가 많지.

나1: 그러고 보니 나도 그래. 열심히 했는데 끝나고 나면 '이게 정말 내가 원하던 건가?' 싶을 때가 있었어.

나2: 그게 바로 방향이 어긋나 있는 상태야. 삶이 흔들릴 때 나는 스스로에게 몇 가지 질문을 던져 봐.

- 지금 내가 진심으로 바라는 건 뭘까? (발원)

- 이 일은 그 바람에서 출발했는가? (발원)

- 나는 내 마음에서 출발하고 있는가, 아니면 외부 기준을 따라가고 있는가? (발원)
- 이 일을 통해 나는 어떤 가치를 실현하고 싶은가? (목적)
- 내가 세운 목표는 그 마음과 의미를 반영하고 있는가? (목표)
- 내가 하는 일이 출발점에서 이루고 싶은 곳으로 한 방향으로 정렬되어 있는가? (정렬)

나1: 꽤 묵직한 질문들이네. 그런데도 그런 물음을 스스로에게 던지면, 정말 내가 어떤 삶을 살고 싶은지 감이 잡힐 것 같아.

방향을 다시 맞출 수 있는 용기

나2: 맞아. 발원이 살아 있어야 목적이 생기고, 목적이 분명해야 목표가 흔들리지 않지. 그게 바로 한 방향 정렬이야.

나1: 나 예전에 글쓰기를 참 좋아했거든. 처음엔 그냥 쓰는 게 좋아서 했는데, 어느 순간 반응만 신경 쓰고, 내가 왜 쓰는지도 잊어버렸어.

나2: 그게 방향이 흐려지는 순간이지. 처음엔 '발원'에서 시작했지만, 목적 없이 목표만 남으면 결국 지치게 돼.

나1: 근데 지금이라도 다시 정렬하면 괜찮은 거지?

나2: 물론이지. 삶은 완성하는 게 아니라, 계속 정렬해 나가는 과정이니까. 오늘 어긋났더라도, 내일 다시 방향을 맞추면 돼.

나1: 방향이 맞으면 속도는 그렇게 중요하지 않다는 말…… 이제 진짜 마음으로 이해되는 것 같아.

나2: 오해하지 마. 속도는 네가 잘하는 걸 증명해 주지만, 방향은 네가 누구인지를 증명해 줘. 너는 결국 너에게 닿게 될 거야.

나1: '나는 나에게 닿는다.' 멋진 표현이네.

방향을 살아 내는 작은 실천

나2: 이제 네가 한번 정리해 볼래?

나1: 그래.

- 삶의 출발점인 발원,
- 그 마음을 지속하게 하는 목적,
- 그리고 그것을 실현하는 목표.

이 세 가지가 한 방향으로 정렬되어 있을 때 삶은 흔들리지 않아. 반대로 이게 어긋나면 목표를 이뤘어도 공허함이 남는 거고.

나2: 아주 잘 정리했네. 오늘 이 대화가 너에게 작은 방향 수정이 되었기를 바란다.

나1: 분명히 그래. 다시 내 안에서 출발하는 감각을 기억해 보려 해. 그런데 막상 삶으로 돌아가면, 또 정신없이 흔들릴까 봐 걱정돼.

나2: 당연하지. 방향을 정한다고 해서, 바로 변화가 오는 건 아니니까. 중요한 건 정렬된 방향으로 하루하루를 살아 내는 연습이야.

나1: 연습?

나2: 그래. 예를 들어, 삶의 방향이 '함께 걷는 리더'라고 정해졌다면, 그 방향에 맞는 하루의 태도를 선택하는 거지. 크고 거창한 결단이 아니라, 오늘 누군가의 이야기를 귀 기울여 들어주는 일부터.

나1: 아…… 그럼 난, 내가 다시 글쓰기를 시작한 게 그 한 걸음일지도 몰라. 이전엔 '반응' 때문에 흔들렸지만, 지금은 '내 안의 발원'으로 다시 써 보려 해.

나2: 그게 바로 살아 내는 시작이야. 정렬된 방향이 있다면, 하루를 어떻게 살 것인가도 달라지거든.

성실의 재정의 - 나를 잊지 않는 힘

나1: 그런데 솔직히…… 매일 그렇게 살기가 쉽진 않더라. 어느 날은 지치고, 어느 날은 왜 시작했는지도 헷갈리고.

나2: 그럴 때 꼭 기억해야 할 단어가 있어. 바로 '성실'이야.

나1: 성실? 그거야 말로 매일 아침 똑같이 일어나는 습관 같은 거 아냐?

나2: 맞아. 그런데 나는 성실을 이렇게 정의해.

'나를 잊지 않는 힘' 또는 '나를 향한 일관된 응답'이라고. 삶의 방향을 기억하고 오늘도 한 걸음 나아가는 거야. 흔들릴 수 있지만, 다시 돌아오면 돼.

나1: 나를 잊지 않는 힘…… 그 말, 마음에 오래 남을 것 같아. 이런 말이 있었지. 속도는 나의 능력을 보여 주지만, 방향은 나의 존재를 말해 준다고.

다음을 위한 여백 - 일관성의 심장으로 가는 길

나1: 오늘 이야기는 조금 다정하게 등을 토닥여 주는 느낌이었어. '지금 당장 뭔가 대단한 걸 하지 않아도 괜찮구나.' 싶었어.

나2: 그래, 정렬된 방향이 있다면, 삶은 천천히 나아가도 괜찮아. 그리고 다음엔 한 걸음 더 들어가 보자. 하루의 실천이 어떻게 삶 전체의 리듬이 되고, 그 리듬이 어떻게 너다운 일관성을 만들어 가는지 말이야.

나1: 좋아. 오늘은 방향의 실천을 이야기했다면, 다음엔 '지속적으로 나를 지키는 삶', 그 묵직한 일관성의 심장을 함께 들여다보는 시간이 되었으면 해.

셀프 코칭 해설

이 사례는 코치로서의 여정 속에서 초심과 목표를 한 방향으로 정렬하는 셀프 코칭의 과정을 보여 준다. 나1은 열심히 달려왔음에도 "이게 정말 내가 원하던 건가?"라는 질문 앞에 선다. 나2는 '발원, 목적, 목표, 정체성'이라는 네 가지 축이 한 방향으로 정렬될 때 삶이 흔들리지 않는다고 말하며, 자기 점검의 질문들을 제시한다.

핵심은 발원에서 출발하는 것이다. 발원이 살아 있어야 목적이 세워지고, 목적이 분명해야 목표가 흔들리지 않는다. 목표가 외부 기준이나 반응에만 매달릴 때 사람은 쉽게 지치고 공허해진다. 하지만 발원에서 출발한 목표는 의미와 방향을 잃지 않는다.

또한 대화는 성실의 재정의를 담는다. 성실이란 단순한 반복적 습관이 아니라, '나를 잊지 않는 힘' '나를 향한 일관된 응답'이다. 방향을 잊지 않고 매일 한 걸음을 내딛는 것이 곧 성실이다. 속도는 능력을 보여 주지만, 방향은 존재를 증명한다.

마지막으로 이 사례는 우리에게 알려 준다. 삶은 완성하는 것이 아니라, 계속 정렬해 나가는 과정이다. 오늘 어긋났더라도 내일 다시 맞추면 된다. 방향이 정렬된 삶은 천천히 가도 괜찮다. 중요한 건 그 방향을 향해 성실하게, 하루하루를 살아 내는 것이다.

셀프 코칭 사례 5

내 안의 간절함과 다시 만나는 발원 찾기 셀프 코칭

발원 없는 목표는 길을 잃는다

나1: 한 방향 정렬이 그만큼 중요하다고 했는데 그런데 지금의 나는…… '그런 발원이 있었던가?' 하고 묻게 돼. 발원은 내가 소망을 품은 것이라고 할 수 있겠지? 나는 무언가에 쫓기듯 목표만 세우고 있었지, 마음에서 진짜로 출발한 건 아닌 것 같아.

나2: 그래. 지금 단계에서는 발원은 소망을 품기 시작한 단계라고 생각하면 될 거야. 나는 무언가에 쫓기듯 목표만 세우고 있었지, '마음에서 진짜로 출발한 건 아닌 것 같아.'라고 생각하고 의문을 갖게 된 것이 매우 중요한 출발이야. '내가 지금 하는 일이, 어떤 간절함에서 출발한 걸까?' 이걸 스스로 자각하지 못하면 삶은 쉽게 길을 잃지. 겉으론 바쁘게 살아도, 내면은 공허할 수 있어.

불꽃은 사라진 것이 아니라, 잊힌 것이다

나1: 그런데 지금이라도 그 발원을 시작할 수 있을까? 아니면 이미 놓친 걸까?

나2: 절대 놓친 것은 아냐. 발원이 잊힌 것이지, 사라진 것이 아니야. 앞서 이야기한 것처럼 '조용히 앉아 있는 마음'을 우리가 다시 발견하면 돼. 지금 이 시점에서도 다시 새로운 발원을 품을 수 있어. 중요한 건 마음속 진짜 불꽃을 다시 만나는 용기야.

나1: 그럼 어떻게 해야 그 불꽃을 찾을 수 있을까?

나2: 아주 단순한 질문으로 시작해도 좋아.

- 내가 진심으로 하고 싶은 일은 무엇인가?
- 왜 이 일을 시작했는가?

- 지금 내 삶에서 가장 간절한 바람은 무엇인가?

- 내가 이 세상에 남기고 싶은 흔적은 무엇인가?

이 질문들에 답하다 보면, 내 안에 잊고 지냈던 어떤 열망이 다시 고개를 들 수 있어. 중요한 건 진실하게 자신과 마주하는 거야.

지금 이 순간도 새로운 발원의 출발점이 될 수 있다

나1: 그럼 꼭 과거의 사건에서만 발원점을 찾아야 하는 건 아니겠네?

나2: 맞아. 과거에서 시작해도 좋지만, 지금 이 순간도 새로운 발원점의 출발점이 될 수 있어. 예전엔 '이 땅에서 다시는 전쟁이 일어나지 않도록 하는' 발원의 마음으로 군 생활을 30여 년 했다면, 지금은 '누군가의 둥지에서 새로운 삶이 깨어나도록 해 주는 코치가 되고 싶다.'라는 소망을 발원이라고 할 수 있지. 삶의 단계가 바뀌면 발원의 형식도 성숙해지는 거야.

나1: 듣고 나니, 내가 지금 이 시기에 붙잡아야 할 발원이 무엇인지 차분히 돌아보고 싶어져. 막연한 목표나 외부 기대 말고, 나에게 진짜로 중요한 그 출발점 말이야.

나2: 그 마음이 바로 지금 네가 새롭게 출발하고자 하는 마음일지 몰라. 조용히, 깊이 들여다보면 반드시 너만의 언어로 된 답이 기다리고 있을 거야. 그리고 그 답은 앞으로 네가 어떤 길을 선택하든, 흔들리지 않게 해 줄 거야.

셀프 코칭 해설

이 사례는 삶의 목표를 향해 달려가면서도 마음속에서 공허함을 느낄 때, 그 이유가 어디에서 비롯되는지를 보여 준다. 핵심은 발원 없는 목표는 쉽게 길을 잃는다는 깨달음이다. 겉으로는 바쁘게 살아도 내면의 출발점이 분명하지 않으면, 성취 후에도 허무함이 찾아올 수 있다.

셀프 코칭은 여기에서 중요한 통찰을 건넨다. 발원은 사라지는 것이 아니라 잊히는 것이다. 우리는 진심으로 품었던 간절한 마음을 순간순간 놓치고 살지만, 조용히 자신에게 질문을 던질 때 그 불꽃은 다시 살아난다. "내가 진심으로 하고 싶은 일은 무엇인가?" "지금 내 삶에서 가장 간절한 바람은 무엇인가?"와 같은 물음은 잊혀 있던 열망을 다시 불러낸다.

또한 발원은 과거에만 묶여 있지 않다. 군 복무 시절 '전쟁이 다시 일어나지 않기를' 바라는 발원이 있었다면, 지금은 '누군가의 둥지에서 새로운 삶이 깨어나도록 돕는 코치가 되고 싶다.'는 발원으로 이어질 수 있다. 삶의 단계가 바뀌면 발원의 형태도 성숙하게 변한다.

결국 이 사례는 우리에게 알려 준다. 지금 이 순간도 새로운 발원의 출발점이 될 수 있다는 것이다. 중요한 것은 외부의 기대나 막연한 목표가 아니라, 나를 움직이는 진짜 출발점을 다시 찾는 일이다. 그 발원은 어떤 상황에서도 흔들리지 않는 삶의 방향이 되어 준다.

‘목적’ 설정을 위한 기초 다지기

목적 설정, 기초 다지기 7단계

1단계 목적이란 무엇인가?

목적은 ‘왜 사는가’에 대한 나만의 문장이다. 계획이 ‘무엇을 할 것인가’라면, 목적은 ‘왜 그것을 하려는가’이다. 목적이 있어야 삶이 방향을 가진다. 방향이 분명해지면, 결정이 간단해진다.

2단계 목적은 ‘처음 마음’에서 시작한다.

초발심이란 게 있다. 어떤 일을 하기로 마음먹은 가장 처음의 결이다. 지금 삶이 흔들린다면, 처음 마음을 떠올려라. 길을 잃었을 때는 출발점으로 돌아가는 것이 가장 빠른 길이다.

3단계 목적은 내 '가치'에서 나온다.

목적은 바깥에서 오는 것이 아니라 안에서 솟아나는 것이다. 돈, 명예, 성공은 목적이 아니다. 그걸 왜 원하는지, 무엇이 중요해서 그러는지를 물어야 한다.

예: "나는 자율성과 창의성을 가장 소중히 여긴다."

→ 내가 설정한 목적은 이 가치를 담아야 오래 간다.

4단계 목적은 말할 수 있어야 한다.

목적은 철학이 아니다. 내가 내 입으로 말할 수 있을 때 비로소 살아있는 목적이다.

예1: "나는 배움을 나누는 글을 쓰며 살고 싶다."

예2: 열한 살 김연아는 왜 바이올리니스트가 되고 싶은가에 대해서 '연아 언니처럼 사람들에게 위로와 행복, 감동을 주고 싶다.'고 말했다. 열한 살짜리가 자기가 하고 싶은 일에 대한 의미와 목적을 이렇게 말할 수 있다니 놀라운 일이다.

→ 목적의 내용이 복잡하지 않아도 된다. 마음에서 우러나면 된다.

5단계 목적은 삶을 설계하는 기준이다.

목적이 있으면, 어떻게 살 것인가가 명확해진다. 직업, 인간관계, 시간 배분 모두 목적을 기준으로 정리된다. 결정을 내릴 때 흔들리지 않게 된다.

"이 선택은 내 목적에 부합하는가?"

이 한 문장으로 갈림길에서 방향을 정할 수 있다.

6단계 목적은 구체적인 계획으로 연결돼야 한다.

목적은 추상적인 생각에 머물면 무력하다. 현실에서 움직일 수 있는 형태로 바꾸어야 한다.

언제까지? 어떤 모습으로? 무엇을 통해?

예: "나는 3년 안에 책을 출간하고, 매달 글쓰기 모임을 운영한다."

→ 실행 가능한 목적은 지속된다.

7단계 목적은 반복해서 돌아봐야 한다. 삶은 계속 바뀐다.

그래서 목적도 점검과 조정이 필요하다. 하지만 중심에 있는 가치는 지켜야 한다. 목적은 흔들릴 수 있지만, 처음 마음은 지워지지 않는다.

삶을 흔들림 없이 살고 싶다면, 처음 마음에서 시작해 목적을 단단히 세워야 한다.

정기적으로 나에게 묻자.

"나는 왜 이 길을 가는가?"

당신에게 던지는 코칭 질문

당신의 선택을 하나로 모으는 중심에는 무엇이 있나요?

‘목표’ 설정 기초 다지기

목표가 자꾸 무너지는 이유

대부분 목표를 세울 때 “무엇을 할까?”부터 고민한다.

하지만 더 먼저 물어야 할 질문은 “왜 이걸 하려는가?”이다.

목표는 해야 할 일이 아니라, 내가 되고 싶은 사람의 삶을 살아 내기 위한 표현이다. 목표가 쉽게 무너지는 이유는 그것이 나의 정체성과 연결되어 있지 않기 때문이다. 흔들릴수록 돌아가야 할 곳은, ‘처음 마음’이다.

목표란 무엇인가

목표는 바람을 현실로 바꾸기 위한 구체적인 설계다. 크게 두 방향이 있다.

–내가 되고 싶은 사람으로 살아가기 위한 목표

–내가 이루고 싶은 성과나 결과를 얻기 위한 목표

두 방향이 조화를 이룰 때 가장 오래 지속된다. 내가 원하는 것을 통해 내가 되고 싶은 사람에 가까워지는 것, 그 접점이 가장 건강한 목표이다.

목적과 목표의 차이

목적은 왜 사는가, 무엇이 중요한가에 대한 질문이다. 목표는 어떻게 살 것인가, 무엇을 실천할 것인가에 대한 계획이다. 목적은 나침반이고, 목표는 그 방향으로 걷는 발걸음이다. 정체된 목표가 아니라 흐름 위에 선 목표가 되어야 한다.

목표 설정을 돕는 SMART 프레임

목표는 철학만으로는 완성되지 않는다. 행동 가능한 구조가 있어야 실현된다. SMART는 그걸 돕는 도구이다.

항목	의미	질문
S	구체적인가	"무엇을, 언제, 어디서?"
M	측정 가능한가	"진척을 어떻게 확인할까?"
A	실현 가능한가	"내 환경에서 가능한가?"
R	나와 연결되는가	"내 가치, 정체성과 닿아 있나?"
T	기한이 있는가	"언제까지, 얼마나 자주?"

핵심은 R-Relevant, 즉 연결성이다. 내 가치와 의미가 내포되어 있지 않으면 설정된 목표는 오래가지 않는다.

목표는 궁극적으로는 나의 정체성과 연결되어야 한다

목표는 내가 누구인지 말하는 방식이다. 예를 들어, '책을 쓰겠다.'는 목표가 유명해지고 싶어서가 아니라 삶의 이야기를 나누고, 타인을 돕고 싶어서일 때 그 목표는 과제가 아니라 존재의 표현이 된다. 정체성과 연결된 목표는 쉽게 흔들리지 않는다.

삶을 정렬하는 다섯 가지 실천 시스템

목표는 결심보다 시스템으로 지켜진다. 다음의 다섯 가지 루틴이 삶을 정렬해 준다.

✦ 자기 선언문 읽기

→ "나는 누구이며, 왜 이 길을 가는가?"

→ 매일 아침 나에게 낭독한다.

✦ 하루 세 줄 목표 일기

→ 오늘 한 일 / 느낀 감정 / 내일의 실천

→ 짧게 써도 쌓이면 흐름이 생긴다.

✦ 주간 회고

→ 일주일에 한 번, 스스로에게 묻는다.

이번 주 가장 나다웠던 순간은?

무엇이 어려웠고, 다음엔 어떻게 할까?

✦ 동료와 나누기

→ 단 한 명이라도 좋다.

→ 말로 꺼낸 목표는 생명력을 얻는다.

✦ 감정과 영감 다루기

→ 실패를 리셋의 기회로 받아들이기

→ 영감을 주는 문장, 이미지 저장하기

→ 목표가 이뤄진 모습을 상상하고 감정으로 연결하기

→ 사소한 변화도 기록해 삶을 쌓아 가기

목표는 되어 가는 과정

목표는 결과가 아니다. 그 목표를 향해 걷는 동안 나는 점점 나에게 정렬된다. 처음 마음에서 출발해 목적을 세우고, 목표로 구체화하고, 실천으로 이어질 때 삶은 흔들리지 않는다.

나답게 살아가기 위해, 오늘도 나는 작은 걸음 하나를 내딛는다.

당신에게 던지는 코칭 질문

당신의 목표는 지금 '어떤 사람이 되고 싶은 당신'과 연결되어 있나요?"

셀프 코칭 사례 6

내 안의 목적을 깨우는 셀프 코칭

발원과 목적, 닮았지만 다른 것

나1: 나 요즘 자꾸 생각해. 왜 나는 자꾸 시작한 일을 끝맺지 못할까? 몇 번이나 뭔가를 하려고 했는데, 결국엔 중도에 포기하게 되더라고. 외적으로는 괜찮은 조건인데도 마음이 따라 주질 않아. 단지 '무엇을 할까'만 고민했던 건 아닐까?

나2: 맞아. 대부분의 사람들도 그 질문에서 출발하지.

"무엇을 하면 좋을까?"

근데 그건 시작이지만 답은 아니야. 진짜 중요한 건 그 일이 너의 '왜'와 연결되어 있는가야.

나1: 그럼 묻고 싶은데, 지난번에 말한 '발원'과 지금 말하는 '목적'은 어떻게 다른 거야? 둘 다 비슷하게 들리거든.

나2: 좋은 질문이야. 발원은 내 존재의 깊은 곳에서 솟아나는 원초적인 소망이야. 예컨대 "나는 모든 사람이 존중받는 세상을 만들고 싶다."는 마음 같은 것. 그건 굳이 설명하지 않아도 진심이지.

그 발원이 외부 세계와 연결되면서 '왜 이 일을 하려고 하는가'로 구체화될 때, 그게 바로 목적이 돼. 목적은 행동에 의미를 부여하는 질문의 답이야.

나1: 그러니까 발원은 내면의 본질이고, 목적은 그 본질이 세상과 만나는 방향성이라는 거네.

나2: 좋은 설명이네. 내용을 잘 이해하고 있다는 느낌이 드네.

목적 없는 목표는 오래가지 못한다

나1: 생각해 보면, 은퇴 후 음식점 관리자 일을 시작하려다 그만둔 적이 있었어. 조건은 나쁘지 않았고, 경력도 살릴 수 있었지. 근데 내 안에서 끌림이 없었어. '이걸 왜 해야 하지?'라는 감정이 계속 남더라고.

나2: 그게 바로 목적 없는 목표의 전형적인 모습이야. 조건은 괜찮고 이성적으로는 말이 되지만, 마음이 움직이지 않으면 결국 멈추게 돼.

나1: 지하철 청소관리 업체에서도 제안이 왔어. 규모도 크고 보수도 좋았지. 그런데 마음으로는 "뭐, 해 볼 수도 있겠지." 정도였고, 진심으로 원하지는 않았어.

나2: "해 볼 수도 있다."와 "하고 싶다."는 많이 다른 말이야.

'왜'라는 동기가 없었다는 게 분명한 신호지. 그런 선택은 결국 오래가지 않아.

내 안의 단서를 찾다

나1: 그럼 나는 어떻게 목적을 찾을 수 있을까? 막연하게만 느껴져.

나2: 이런 질문을 스스로에게 던져 봐.

- 내가 시간 가는 줄 모르고 몰입한 경험은 무엇인가?
- 어떤 일을 할 때 가장 충만함을 느꼈는가?
- 내가 사람들에게 어떤 영향을 미칠 때 의미를 느끼는가?

나1: 군 후배들 리더십 교육할 때, 또 후배들 멘토링할 때, 정말 보람 있었어. 그들이 성장하는 걸 보는 게 즐거웠고, 나도 같이 성장하는 느낌이었지.

나2: 그게 단서야. 너는 '사람들의 성장'에 기여할 때 깊은 의미를 느끼는 사람이야. 그걸 중심으로 목적이 자라날 수 있어.

목적이 선택을 이끈다

나1: 목적이 생기면 구체적으로 뭐가 달라져?

나2: 가장 큰 변화는 선택의 기준이 생긴다는 것이야. 어떤 선택이든지 결정을 앞두고 이렇게 물을 수 있지. "이 일이 내 목적과 연결되는가?" 그러면 장애물을 만나도 쉽게 포기하지 않게 돼. 왜 이 길을 걷는지를 알고 있으면, 고난은 견딜 수 있는 과제로 변하거든.

나1: 빅터 프랭클이 그런 말을 했지. "삶의 이유를 아는 사람은 어떤 고난도 견딜 수 있다."

나2: 맞아. 그 말은 사실 니체의 말이기도 해. "왜 살아야 하는지를 아는 사람은 어떤 '어떻게'도 견딜 수 있다." 목적은 단지 방향이 아니라, 그 길을 걸어갈 에너지야.

방향을 아는 삶은 흔들리지 않는다

나1: 이제는 알겠어. 나는 자꾸 '무엇을 할까'만 고민했지, '왜 하고 싶은가'를 진지하게 묻지 않았던 것 같아. 그래서 어떤 일도 오래가지 못했고, 어떤 성취도 허전했던 거야.

나2: 그걸 깨달았다는 것 자체가 이미 전환점이야. 이제부터는 '무엇'보다 '왜'를 먼저 묻는 연습을 해 봐. 그 질문은 너를 지치게 하는 게 아니라, 살아 있게 해 줄 거야.

나1: 이제 나는 방향을 찾는 중이라는 생각이 들어. 앞으로 어떤 일이 닥치든, '이게 내 목적에 부합하는가?'라고 묻고 싶어.

나2: 그래. 목적은 도달해야 할 목적지가 아니야. 지금 이 자리에서, 네가 선택하는 방향 그 자체야. 그 방향을 따라 한 걸음씩 내디딘다면, 너의 삶은 더 이상 흔들리지 않을 거야.

셀프 코칭 해설

이 사례는 '발원과 목적'이라는 개념을 구분하면서, 삶이 쉽게 흔들리는 이유와 그 해결책을 보여 준다. 발원은 내 존재 깊은 곳에서 솟아나는 원초적 소망이고, 목적은 그것이 세상과 연결되며 '왜 이 일을 하는가'로 구체화된 의미이다. 발원이 없는 목표는 공허하고, 목적이 없는 선택은 오래가지 못한다. 그래서 조건이 좋아도 마음이 움직이지 않으면 결국 포기하게 된다.

셀프 코칭은 여기에서 중요한 전환을 제안한다. "내가 몰입했던 순간은 언제였는가, 어떤 일을 할 때 충만함을 느꼈는가, 사람들에게 어떤 영향을 미칠 때 의미를 느꼈는가"와 같은 질문을 통해, 자신의 목적을 이끌어 낼 수 있다는 것이다. 목적은 단순히 방향을 알려 줄 뿐만 아니라, 고난 속에서도 버티게 하는 내적 에너지가 된다. 니체와 빅터 프랭클의 말처럼, 왜 살아야 하는지를 아는 사람은 어떤 어려움도 견딜 수 있다.

결국 이 사례는 '무엇을 할까'보다 '왜 하는가'를 먼저 묻는 삶의 전환을 강조한다. 목적을 아는 사람은 선택의 기준을 분명히 하고, 길 위에서 쉽게 흔들리지 않는다. 목적은 도달해야 할 종착지가 아니라, 지금 여기에서 매 순간 방향을 세우는 힘이다. 그 힘을 따라 한 걸음씩 걸어갈 때, 삶은 비로소 흔들림 없이 자신만의 길을 살아가게 된다.

셀프 코칭 사례 7

목적을 행동으로 바꾸는 목표 탐구 셀프 코칭

목적은 있었지만, 막연했던 나의 목표

나1: 그런데 말이지, 아무리 다짐을 해도 현실은 잘 안 바뀌더라. 목적은 있는데, 그 다음에 뭘 해야 하는지는 잘 모르겠어.

나2: 맞아. 방향만 있다고 해서 길을 걷는 건 아니잖아. 목적은 나침반이고, 목표는 지도야. 이젠 지도를 그려야지.

나1: 나도 그동안은 목표를 세웠다고 생각했는데, 지금 돌아보면 막연했어. 뭔가 하긴 했는데, 자꾸 중간에 흐지부지됐지.

나2: 그런 경험, 누구나 있어. '성공하고 싶다.' '누군가에게 도움이 되고 싶다.' 이런 말들은 동기부여는 되지만, 손에 잡히는 행동은 안 만들어 줘. 중요한 건 이제, 실행 가능한 '구체적인 목표'를 세우는 거야.

네가 최근 목표로 세워 실행한 예를 하나 들어 볼 수 있을까?

나1: 예를 들어 내 목적이 '사람들의 성장을 돕는 것'이라면, 목표 하나는 이렇게 정리할 수 있어. "앞으로 10년간 매년 후배 코치들에게 도움이 되는 강의와 멘토 코칭을 실행한다."

모집인원: 매회 1년간/10회/참가 인원 매회 12명 기준/ 전문 코치 자격 소지자/ 기타 참가비, 의무 참가 일수 등

이렇게 되면 뭘 해야 할지 명확하고, 결과도 확인할 수 있고, 행동으로 옮기기도 쉽다(실제로 이 과정을 12년간 진행했다. 인원도 매번 초과되었다. 이 과정은 내가 한국 최초 MCC로서의 사명감을 가지고 진행했던 의미 있는 프로젝트였다).

SMART한 목표가 실천을 가능하게 한다

나2: 네가 목표를 설정할 때 어떤 기준에 의해 진행하지?

나1: 목표를 설정할 때는 보통 SMART라는 기준을 많이 써.

S는 Specific, 즉 구체적이어야 하고,

M은 Measurable, 측정 가능해야 해.

여기까지만 적용해도 목표가 훨씬 또렷해져.

나2: 방금 말한 그 예시가 S와 M을 잘 반영한 것 같아.

나1: 맞아. 그리고 A는 Achievable, 달성 가능해야 해. 너무 이상적이면 시작도 하기 전에 지쳐 버리거든.

R은 Relevant, 너의 목적과 연결돼 있어야 하고, 특히 이게 중요하거든.

T는 Time-bound, 기한이 명확해야 해.

나2: 다 맞는 말이야. 특히 R이 중요하다는 말에 공감돼.

나1: 맞아. 내가 예전에 중단했던 일들, 지금 생각해 보면 내 삶의 방향과 별로 관계가 없었어. 그냥 '기회니까' '돈 되니까' 한 거였지.

나2: 바로 그거야. 목표는 단순히 해야 할 일이 아니라, 내가 어떤 사람이 되고 싶은가에 대한 선언이야. 목적과 연결되지 않은 목표는 오래 못 가. 아무리 SMART해도, 내 삶과 무관하면 의미가 없어.

목표를 방해하는 감정을 흐트러뜨리는 방법

나1: 그런데 막상 목표를 세우면 이상한 감정이 올라오기도 해. 두려움이라든가, 자기 의심 같은 것 말이야. 시작도 전에 멈추는 경우가 있었어.

나2: 그랬구나. 그땐 마음이 많이 속상했겠어. 일반적으로 목표를 방해하는 감정은 네 가지가 있어.

첫째, 두려움. "실패하면 어쩌지?"

둘째, 자기 의심. "내가 과연 이걸 해낼 수 있을까?"

셋째, 피로감. "아직 시작도 안 했는데 벌써 지친다."

그리고 넷째, 성과가 없을 때 오는 실망감. "이만큼 했는데 왜 아무 일도 안 생기지?"

나1: 와, 전부 공감돼. 특히 마지막 실망감. 그것 때문에 멈춘 적이 진짜 많아.

나2: 감정은 나쁜 게 아니야. 오히려 그런 감정이 있다는 건 그 일이 너에게 정말 중요하다는 증거야. 어떤 강연자가 이런 말을 했지. "무대에 오르기 전마다 떨렸다. 그 떨림은, 내가 말하려는 이야기가 나에게 진짜 중요하다는 증거였다."

나1: 그렇게 보니까 마음이 좀 가벼워진다. 감정에 붙잡히지 않고 실천하려면 어떻게 해야 할까?

나2: 작게 시작하는 것도 좋은 방법이야. 예를 들어, '교육 기획서 완성하기' 대신 '교육 제목 하나 정하기'. 감정은 생각으로 다스리기 어려워. 행동으로 흐트러뜨리는 게 제일이야.

나1: 오, 멋진 표현이다. 감정은 행동으로 흐트러뜨리는 것.

작고 반복 가능한 리추얼이 실천을 만든다

나2: 그리고 실천력을 높이려면 '환경'도 중요해. 교육 자료 준비 시간을 캘린더에 넣고, 책상 위에 관련 책을 올려 두는 거야. 행동을 도와주는 환경이 뒷받침되면 훨씬 쉬워져.

나1: 환경도 습관도 결국 시스템이네.

나2: 그렇지. 그리고 습관으로 이어지려면 '작은 리추얼'을 만드는 게 좋아.

나1: 어떤 리추얼?

나2: 예를 들어 이런 거야. 아침에 일어나면 네가 되고 싶은 사람에 대한 '자기 선언문'을 한 번 읽어 봐. 그리고 하루가 끝나면 오늘 목표와 관련된 감정이나 생각을 한 줄만 적어. 일주일에 한 번은 조용히 돌아보는 시간을 갖고, 작은 걸음이라도 응원해 주는 동료 하나를 곁에 두는 거지. 그리고 제일 중요한 거. 실천하지 못한 날은 실패가 아니라, 단지 '다시 설정하는 날'이라고 생각해.

나1: 뭔가 완벽하지 않아도 괜찮다는 말에 위로가 된다.

나2: 그래. 목표는 완벽을 위한 게 아니야. 목표는 지금의 나와 미래의 나를 연결하는 다리일 뿐이야.

나1: 앞으로 어떤 제안이 오더라도 물어볼 거야. "이 일이 내 삶의 목적과 연결되는가?" 그 질문 하나만으로 방향이 훨씬 선명해질 것 같아.

나2: 맞아. 목표는 단순히 '일정'이 아니라, '의미'로 가는 안내문이야. 목표는 내가 어떤 사람으로 살아가고 싶은지 또는 내가 정말 원하는 것을 어떻게 이루는지를 말하는 방식이지.

셀프 코칭 해설

이 사례는 목적이 분명해도 목표가 막연하면 삶은 쉽게 흐트러진다는 사실을 보여 준다. 목적은 나침반이고, 목표는 지도이다. SMART 원칙—구체적이고(Specific), 측정 가능하며(Measurable), 달성 가능하고(Achievable), 목적과 연결되며(Relevant), 기한이 있는(Time-bound)—은 막연한 결심을 실천으로 바꿔 준다. 그러나 아무리 SMART해도 목적과 연결되지 않으면 오래가지 못한다는 점이 핵심이다.

또한 목표를 세울 때 두려움, 자기 의심, 피로감, 실망감 같은 감정이 따라오는데, 이는 실패의 징조가 아니라 그 일이 중요하다는 증거이다. 감정은 생각으로 다스리는 것이 아니라 작은 행동으로 흩뜨릴 수 있다. 환경과 습관, 반복 가능한 작은 리추얼은 목표를 살아 있는 행동으로 바꿔 준다. 결국 목표는 완벽을 위한 것이 아니라, 지금의 나와 내가 되고 싶은 미래의 나를 이어 주는 다리이며, 목적과 연결된 작은 실천이 삶을 흔들림 없이 앞으로 나아가게 한다.

나의 중심-정체성 찾기

나를 이끌어 온 작은 별 하나

우리는 누구나, 각자의 가슴에 하나의 별을 품고 살아간다. 그 별은 아주 오래전, 아직 이름조차 정하지 못했던 시절부터 마음속에 떠 있었는지도 모른다. 그것은 꿈이었고, 때로는 신념이었다. 삶이 흔들릴 때마다 되돌아보던 어떤 기준이자, 남들이 보지 못한 방향을 가리키던 작고 단단한 나침반이기도 했다.

살다 보면 중심을 잃는 순간이 있다. 어디로 가야 할지 모를 때, 왜 살아야 하는지조차 의심스러울 때, 우리의 걸음은 무거워지고, 방향은 흐릿해진다.

그러나 시간이 지나고 돌아보면, 우리는 단지 흔들리고 있었을 뿐이다. 완전히 벗어난 건 아니었다. 삶은 그렇게 중심을 기준으로 한 줄 한 줄, 조용히 하나의 '원'을 그리고 있었던 것이다.

정체성이라는 중심을 품다

그 중심은 바로 '정체성'이었다. 누구를 위한 삶도 아니고, 무엇을 이루기 위한 삶도 아닌, '나'라는 존재로 살아가겠다는 작고 묵직한 다짐. 그것이 우리가 말하는 중심이며, 그 중심을 따라 살아가는 일이 바로 일관성 있는 삶이다. 정체성은 단지 철학 개념이 아니다. 그것은 삶을 살아 내는 방식이며, '나답게 살겠다.'는 약속의 다른 이름이다.

매일 다시 정렬하는 연습

삶은 단 한 번의 정렬로 완성되지 않는다. 한 번 마음먹었다고 해서 평생 흔들리지 않는 사람은 없다. 그러므로 중요한 것은 다시 정렬하는 연습이다. 흔들릴 때마다 되돌아가는 힘. 그 힘은 '성찰'에서 나오고, 그 성찰은 매일의 질문에서 시작된다.

"지금 내가 하고 있는 말과 선택은, 나의 중심 가치와 정렬되어 있는가?"

"나는 지금, 나답게 살고 있는가?"

이 두 질문은 삶의 방향을 바로잡는 나침반이다. 성공이든 실패든, 그 결과에 연연하지 않고 스스로에게 정직했는지를 묻는 것, 그것이 정체성 있는 삶의 핵심이다. 우리는 그렇게 하루하루 중심을 확인하고, 방향을 다시 잡는다. 그 작은 반복들이 모여 결국 삶의 전체 궤도를 만들어 간다.

실패는 궤적을 더 깊게 만든다

실패는 궤도에서의 이탈이 아니다. 오히려 궤적을 더욱 입체적으로 만들어 준다. 가장 깊이 흔들렸던 순간, 가장 후회스러웠던 선택, 그 모든 경험은 우리를 한 뼘 더 깊은 통찰로 이끈다. 그리고 그 통찰은 우리를 중심으로 되돌아오게 한다.

삶은 직선이 아니다. 삶은 원이다. 시작과 끝이 연결되고, 중심에서 뻗어 나간 수많은 길들이 결국 다시 돌아오는 구조. 그 원 안에, 실패도 있고 성취도 있다. 질문도 있고 깨달음도 있다. 그리고 그 모든 것이 모여, 자기다운 궤도를 완성하게 된다.

정체성은 질문이 아니라 실천이다

정체성은 '나는 누구인가?'라는 질문 하나로 정의되지 않는다. 그 물음은 번뜩이는 한 줄의 해답으로 끝나는 것이 아니라, 사는 방식으로 천천히 응답받는 것이다. 아무도 보지 않을 때의 선택, 작은 유혹 앞에서의 태도, 상처받고도 다시 말하려는 용기. 그 모든 순간이 정체성을 드러낸다.

나는 이제 나에게 묻지 않는다.
"나는 누구인가?"
대신 이렇게 묻는다.
"오늘 나는 나답게 살았는가?"

그 질문 하나로 나는 충분하다. 더 멀리 가지 않아도 되고, 더 높이 오르지 않아도 된다. 내가 걸어온 길이 중심의 별과 일치하고 있었다면, 그 삶은 실패한 것이 아니다.

결국, 하나의 원으로 완성되는 삶

언젠가 별이 저물고 삶이 마무리되는 저녁이 온다면, 나는 조용히 속삭일 수 있을 것이다.

"그래, 나는 별을 따라 걸었고, 그 별이 나의 정체성이었으며, 결국 나라는 이름으로 하나의 원을 완성했다."

그 원은 언뜻 보기에 작고 소박할지도 모른다. 누구에게나 자랑할

만큼 찬란하지 않을 수도 있다. 그러나 그 안에는 수많은 다시 돌아옴, 다시 정렬함, 다시 살아 내려는 결심들이 담겨 있다. 그것이 진짜 삶이지 않겠는가. 외부의 기준이 아니라, 내 안의 중심에서 흘러나온 삶 말이다.

그리고 그 삶은 다음 세대의 어두운 밤하늘에도 작은 별 하나로 남게 될 것이다. 그 별빛이 누군가의 길이 되고, 그 길이 또 다른 삶의 궤적이 되기를. 지금, 당신도 묻고 있는가?

"지금 나는 나의 별과 연결되어 있는가?"

그 질문을 품고 걷고 있다면, 당신은 이미 길 위에 있는 것이다.

그림 | 박창규 · ChatGPT

당신에게 던지는 코칭 질문

당신 안의 중심별은 지금 어디쯤에서 은은한 빛을 건네고 있나요?

셀프 코칭 사례 8

내 안의 별을 깨우는 정체성 셀프 코칭

사회적 정체성과 존재적 정체성

지금까지 몇 단계를 거쳐 오면서 이 정도면 되겠지 했는데, 마지막 한 가지가 마무리가 되지 않았다. 만일 내가 미수인 88세가 되었을 때, 삶을 함께한 친구들을 초대해 놓은 자리에서 이런 질문을 받는다면?

"박창규 자네는 인생의 끝에서 어떤 사람이 되었는가?"

이 질문 앞에서 나는 무어라고 대답할 수 있을까? 나는 장군도 아니고, 마스터 코치도 아니고, 최근 등단한 수필가도 아니다. 그렇다면 나는 누구인가?

나2: 오랜만이야. 요즘 정말 잘 나간다며? 바쁘겠어.

나1: 그래, 좀 바빠졌지. 하지만 몸보다 마음에서는 또 다른 생각이 계속 이어서 일어나. 한때는 은퇴 후에 할 일이 없어 악몽까지 꾸던 시절이 있었거든. 지금 돌아보면 그때의 내가 안쓰럽기도 하고, 한편으론 좀 웃기기도 해. 요즘은 '무엇을 할 것인가'보다는 '어떤 사람이 되어야 할 것인가'를 더 고민하게 돼.

나2: 와우. 한층 깊어진 질문을 하다니 반갑네. 그런데 강의 시작 전에 항상 참가자들에게 "나는 이런 사람입니다."라고 소개하지 않나?

나1: 그렇지. 대부분은 현재 하고 있는 일, 소속된 조직, 자격이나 경력을 이야기하지. 그건 '사회적 정체성(identification)'이라고 부를 수 있어.

나2: 그래, 너의 에고가 말하는 역할, 신분, 외적인 이름들이지. 그 이름들을 말하고 나면 마음이 어때?

나1: 마치 컴퓨터 로그인할 때 ID를 입력하는 것 같은 느낌이야. 기계적으로 입력은 하지만, 그게 진짜 나를 설명하진 못하지. 그래서일까, 늘 또 다른 내가 떠올라.

나2: 또 다른 '나'?

나1: 그래, 너 같은 나. 에고적 자아와는 다른, 조용하지만 중심이 되는 자아. 에고는 외부로부터 정의되고 변하지만, 내가 찾는 자아는 내면의 중심을 지키는 변하지 않는 것을 말하는 거야.

예수는 자신을 '스스로 있는 자'라 했고, 부처는 '깨달은 자'라 했지. 그런 자아 인식이야말로 존재의 본질에서 나오는 정체성이 아닐까.

탐구하는 질문

나2: 그렇다면 너는 네가 누구라고 느껴?

나1: 그것이 바로 내가 탐구하고 있는 질문이야. 단순히 이름이나 직함으로는 정의되지 않는 나. 나다운 고유성과 우주와의 관계 속에서 나를 바라보고 싶어.

나2: 그럼 이 질문이 네 중심에 있을 수 있겠네. "나는 죽음을 맞이할 때 어떤 사람이 되어 있을까?"

나1: 맞아. 그게 바로 내 존재의 정체성이야. 진정한 정체성은 '무엇을 하느냐'보다 '어떤 존재로 있느냐'에 달려 있다고 생각해.

나2: 그럼 이런 질문은 어때? 어떤 존재로 태어나서, 어떤 존재로 떠나가고 싶지?

나1: 더 좋은 질문이야. 이 질문은 진짜 자아를 탐구할 수 있는 질문이지.

그 자아는 소리보다는 침묵에 가깝고, 설명보다는 느낌에 가깝지. 갑자기 떠오르는 별과 연결된 존재…… 문득 어렸을 때 시골집 마당 평상에서 들은 자장가가 떠올라. "별 하나, 나 하나."

그 단순한 자장가, 나의 정체성이 담겨 있다는 생각이 드는 건 무엇 때문이지?

통찰을 부르는 질문

나2: 그럼 지금은 누구라고 말할 수 있어?

나1: 문득 법정 스님의 말씀이 떠올라. "나는 누구인가, 스스로 물으라. 자신의 속 얼굴이 드러날 때까지 묻고 또 물어야 한다. 해답은 그 물음 속에 있다."

나2: 그 질문이 지금도 네 삶을 이끄는구나. 오래전부터 네가 강의 때 자주 인용했던 내용이지. '정체성을 찾는다.'는 건 단순한 호기심이 아니라, 살아가는 이유가 되어 주지.

나1: 그렇다면 앞으로 내가 스스로에게 던져야 할 질문은 이런 것 아닐까?

내가 마지막 숨을 쉴 때, 어떤 사람으로 남고 싶은가?

지금 내가 붙잡고 있는 것들은 나의 정체성과 어떻게 연결되어 있는가?

내가 사랑하는 것과, 나다운 고유함은 어디서 빛나고 있는가?

나2: 그 질문들을 들으니까 나도 온전히 그 질문에 대한 답이 잘 안 나올 것 같아. 네 질문이 무거워졌어. 질문에 대한 답보다 중요한 건 그 물음을 놓지 않는 거겠지. 그리고 그 물음은 결국, 너를 네 본래의 자리로 이끌 거야.

나1: 그런데 갑자기 "별 하나, 나 하나."가 생각나곤 하는 것은 왜 그럴까?

나2: 그게 네 안에 항상 들어 있다는 것 아니겠나?

나1: 오. 그런가? 내가 어디서 왔고, 어디로 가는가에 대한 실마리가 항상 내 안에 있었는데 그것을 알아차리지 못하고 있었다는 이야기네.

나2: 그 별의 길 위에서, 네가 되고 싶은 사람으로 살아가는 있다는 것. 그게 바로, 너의 존재적 정체성이 아닐까?

나1: 바로 그렇네. 어릴 때 자장가의 별, 피난길에서 초발심을 일으켰던 별, 초등학교 때 희망을 주는 무지개 위의 별, 내 삶의 중요한 단계마다 나타났던 별. 은퇴 후 방황하던 시기에 보여 주었던 사이판 섬에서의 별, 그때는 별똥별까지 보여 주면서 '나 여기 있어.'하고 날 부르는 것 같았지. 그게 나라는 것을 오래전부터 알려 주고 있었는데. 오! 나는 별이야. 광야의 별이야!

나2: **(같이 침묵의 공간에 머물러 봄) 광야의 별! 그게 너의 정체성이구나.**

셀프 코칭 해설

삶의 여러 단계를 거쳐 왔지만 마지막에 남은 질문은 "나는 누구인가?"였다. 장군도, 코치도, 수필가도 아닌, 존재 그 자체로서의 나를 어떻게 설명할 수 있을까. 사회적 정체성은 이름과 직함, 외적 성취로 표현되지만, 그것은 로그인 ID처럼 겉을 드러낼 뿐 진짜 나를 설명하지 못한다. 그 순간 내 안에서 또 다른 자아가 떠올랐다. 에고의 이름 뒤에 숨어 있던, 조용히 중심을 지키는 자아. 그것은 예수가 말한 "스스로 있는 자", 부처가 말한 "깨달은 자"와 같은 존재적 정체성이었다.

나2는 묻는다. "죽음을 맞이할 때 어떤 사람으로 남고 싶은가?" 이 질문은 단순한 호기심을 넘어 삶을 지탱하는 물음이 된다. 그때 오래전 자장가 속 구절, '별 하나, 나 하나'가 떠올랐다. 별은 어린 시절부터 삶의 길마다 나타나며 나를 부르고 있었다. 자장가의 별, 피난길의 별, 무지개 위의 별, 그 모든 별은 내 존재의 실마리를 비추고 있었음을 깨닫는다. 그리고 마침내 고백한다. "나는 별이야. 광야의 별이야." 정체성이란 무엇을 하느냐가 아니라, 어떤 존재로 살아가느냐의 대답이었다.

셀프 코칭 사례 9

'광야의 소리'와 함께한 셀프 코칭

광야는 가장 비어 있으면서, 가장 깨어나는 자리이다

나1: 그런데 말이야. 너와 이렇게 대화를 나누다 보니까…… 문득 그런 생각이 들었어. 내가 마지막 순간, 죽음을 맞이할 그 순간에는 광야의 별도 좋지만 한발 나아가서 '광야의 소리'가 되었으면 좋겠다고. 말보다 침묵에 가까운, 본질적인 울림 말이야.

나2: 음…… 아주 깊은 바람이구나. 그런데 '광야'라는 말, 너한텐 어떤 의미로 와닿아?

나1: 광야란…… 사람이 비워지는 공간이야. 소유도, 역할도, 이름도 내려놓는 곳. 세상의 소음이 멈추고, 오직 존재만 남는 자리. 나를 꾸며 주던 외피가 다 사라진 다음에도 여전히 살아 있는 무언가가 드러나는 곳이지. 그래서 광야는 내면의 진실과 대면하는 장소야. 그곳에서야 비로소 '진짜 나'의 목소리를 들을 수 있어.

나2: 구체적으로 말해 줄래? 실제 광야 말이야.

나1: 실제 광야는 벌거숭이 땅이야. 나무도 없고, 그늘도 없고, 피할 곳도 없지. 해가 내리쬐면 그대로 맞아야 하고, 바람이 불면 맨 살로 그대로 스며들어. 장식도 없고, 장막도 없는 그곳에 서면 나의 약함, 두려움, 고독, 바닥난 의지까지 다 드러나. 숨길 것도, 숨을 곳도 없어. 그런데 바로 그런 벌거벗은 공간에서 사람은 처음으로 자기 자신을 진실하게 마주하게 돼.

나2: 그걸 삶에 비유하면……?

침묵으로 남는 울림, 영혼의 이름이 되다

나1: 삶의 광야는, 모든 걸 잃은 순간에 찾아와. 직장을 잃었을 때, 사랑을 놓쳤을 때, 익숙한 역할이 사라졌을 때, 목표도 이름도 무너진 자리에서 문득 '나는 누구인가?' 라는 질문이 찾아오지. 그때 비로소 껍질이 벗겨지고, 영혼만 남는 침묵의 시간이 시작돼. 그리고 그 질문을 붙드는 사람만이 진짜 자기를 만나게 되지.

나2: 그럼 광야는 단지 버려진 곳이 아니라……?

나1: 맞아. 광야는 '아무것도 없음(Nothingness)'이 아니라, 모든 것이 깨어나는 자리(Nothinglessness)야. 겉은 고요하고 비어 있는 것 같지만, 오히려 가장 깊은 소리가 들리는 곳. 나는 그런 곳에서 들리는 소리가 되고 싶은 거야. 인간의 언어가 멈춘 그 자리에서, 별과 속삭이는 '영혼의 울림'으로 남고 싶어.

나2: '영혼의 울림', 인간의 소리가 끝날 때, 영혼의 소리가 시작되는 거구나. 말로는 닿지 않는 그곳에서, 네가 남기는 건 '이야기'가 아니라, 존재의 진실, 영혼의 흔적이네.

나1: 맞아. 그래서 나는 죽는 그 순간, 나의 정체성이 '장군' '리더십 강사' '마스터 코치' '작가' 같은 사회적 명칭이 아니라, 광야의 소리가 되었으면 해. 역할을 넘어선, 존재의 울림이자 영혼의 증거. 그게 내게 있어선 궁극의 정체성이야. 말이 끝난 그 뒤에도 조용히 남아 사람들 마음속 어딘가에 울리는 소리. 나는, 그런 영혼의 잔향이 되고 싶어.

나2: (잠시 침묵하다가 조용히 말한다) 이제 알겠어. 너는 더 이상 어떤 이름으로도 불릴 수 없는 사람. 너는, 광야의 소리야. 말보다 깊고, 시간보다 오래 남는, 별과 속삭이며 떠나는 사람.

나1: (눈을 감고 고개를 끄덕인다) 응…… 그 말, 오래도록 마음에 울릴 것 같아. 고마워. 드디어, 내가 누구인지 알 것 같아.

나1, 나2(합창): 나는 광야의 소리이다.

광야는 고요하다.

고요하기에, 그곳에서는

별이 말을 걸 수 있다.

나는
그 별의 속삭임에
응답하는 영혼의 소리이다.

침묵 속에서 울리는,
마지막 나의 이름으로.

나는 광야의 소리이다.

셀프 코칭 해설

이 사례는 셀프 코칭이 정체성의 궁극에 다다를 때 어떤 모습으로 완성되는지를 보여 준다. '광야'는 아무것도 없는 벌거벗은 공간이자, 동시에 가장 본질적인 자기 자신과 만나는 자리이다. 사회적 이름과 역할이 모두 벗겨진 후에도 남는 것은 '나는 누구인가'라는 물음, 그리고 그 물음 속에서 들려오는 영혼의 목소리이다.

여기에서 화자는 단지 장군, 코치, 작가라는 이름이 아니라, '광야의 소리'로 남고자 한다. 말보다 침묵에 가깝고, 기록보다 오래 울리는 존재의 울림으로서, 인간의 언어가 닿지 못하는 곳에서 별과 대화하는 영혼의 잔향으로 살고자 하는 것이다. 셀프 코칭은 결국 외적 성취나 역할을 넘어, 존재 그 자체의 울림으로 살아가는 길임을 일깨워 준다. 광야의 소리가 된다는 것은 곧 마지막 순간에도 "나는 누구인가?"라는 질문에 침묵으로 대답할 수 있는 자기 정체성의 완성이다.

셀프 코칭 사례 10

별로 시작해 별로 완성한, 궁극의 원을 찾은 셀프 코칭

인생의 궤적은 원이었다

나1: 이상하지 않니? 인생이란, 그냥 아무렇게나 걸어온 줄 알았는데……

80이 넘은 지금 돌아보니 하나의 '원'을 그리고 있었더라고. 울퉁불퉁하고 찌그러진 선이었지만, 결국 처음 자리와 다시 만나게 되는 그런 원 말이야.

나2: '하나의 원' 그 말, 가슴에 와닿는다. 그냥 시간만 흘러간 줄 알았는데, 결국 돌아보면 그 모든 발걸음들이 하나의 궤적을 그리고 있었다는 거잖아. 잠깐 멈춰서 돌아봤을 때, 그게 원이었다니…… 정말 묵직한 울림이 있다. 근데 말이야, 원이 되려면 중심이 있어야 하잖아? 너의 삶의 중심에는 뭐가 있었을까?

초발심, 마음을 일으킨 첫 번째 별

나1: 내 삶의 중심? 그건 단연코 '별'이었지. 어릴 적 마당 평상에 누워 자장가를 들으며 올려다보던 별, 그리고 피난길에서 국군 시신이 불타던 장면 너머로 보았던 밤하늘의 별. 나는 우리나라에서 다시는 전쟁이 일어나지 않게 하겠다는, 그런 장군이 되고 싶다는 무의식적인 다짐이 싹텄어.

불과 열 살짜리 아이였는데도 말이야. 그게 나를 걷게 했고, 꿈꾸게 했고, 나를 지켜 줬지. 그 별이 내 안에 깊이 들어왔어. 내 가슴에 깊이 박혀 있었지. 그게 아마 내 삶의 첫 번째 불씨, 바로 초발심(初發心)이었을 거야. 처음으로 마음을 일으켜 무언가를 향해 나아간 순수한 동기였던 거지. 말보다 먼저 도착한 감정. 나를 설레게 하고, 스스로 이유를 만들게 했던 그 마음. 가슴속에 자리 잡고서는, 한 번도 떠난 적이 없었지. 나는 그 별을 따라 살아온 거야.

나2: 초등학교 5학년 때, 학교 마치고 돌아오는 길에 본 무지개 위의 별도 기억나? 그 별은 환상이었을지도 모르지만, 그때부터 이미 너는 무지개 위의 별을 품었지. 무지개 색깔의 삶을 살아야겠다고 무의식 중에 다짐했던 거야. 별이 삶의 나침반이 되었다면, 그 무지개는 삶의 감정과 의미를 칠해 주는 팔레트 같았지.

나1: 맞아. 그 무지개 색깔은 내 삶의 빛깔이기도 했어. 기쁨, 슬픔, 희망, 절망, 도전, 실패…… 그 모든 감정과 경험이 내 삶을 채색해 줬지. 전쟁 후에 열악한 학교 교실에서 선생님이 해 주셨던 말이 아직도 기억나.

"어둠 속에서도 별은 빛난다."

그 말씀이 내 가슴에 깊이 박혀 있었지.

나2: 그리고 흔들림 없이 너는 그 길을 걸었어. 중학교 2학년, 지리 선생님이 장군이 되는 길을 알려 줬을 때도 말이야. 그때 너는 별빛처럼 빛났지. 그리고 마침내 진짜 장군이 되었지.

궁극심, 마지막에 다다른 별의 목소리

나1: 그런데 아이러니하게도, 별을 단 장군이 되었을 때 새로운 깨달음도 왔어. 그 별이 나에게 말하던 건 단지 지위나 역할이 아니라, 열 살짜리 아이가 말한 정체성이 아닌가 하고. 피난길 밤의 하늘에서 빛났던 별. 나라는 존재와 연관이 되어 있다는 걸.

나2: 그래서 그 이후 삶의 방향이 달라졌던 거구나.

나1: 그렇지. 은퇴 후 남태평양 섬 해변에서 본 별똥별, 그리고 이스라엘 성지순례 중 광야의 별이 나에게 속삭였어.

"이제 너 자신으로 돌아가라."

그 별은 또 다른 별이었지만, 동시에 나의 궁극심이기도 했지.

나2: 궁극심…… 삶을 통과한 끝에 마주하는 깊고 고요한 마음. 더 이상 증명할 것도 없고, 다투지도 않고, 그저 자신으로서 존재할 수 있는 상태. 초발심이 삶을 시작하게 한 동기라면, 궁극심은 삶을 마무리하며 도달하는 자각이네.

시작의 별과 끝의 별이 하나가 되는 순간

나1: 맞아. 광야는 외부의 모든 소음이 사라지고, 오직 내면의 소리만 남는 곳이야. 그곳에서 나는 알게 되었어. 어릴 적 자장가 속 '별 하나, 나 하나'의 별과 광야에서 나를 부르던 별이, 결국 하나였다는 걸.

나2: 처음의 별과 마지막의 별이 하나였다니, 그건 존재의 통합이야. 그 두 점이 만나는 순간, 네 삶은 선이 아니라 원이 되고 있다는 거네.

나1: 참 묘하지. 다른 길로 가는 것 같았는데, 결국 초발심과 궁극심이 만나는 그 자리에서 내 삶의 궤적이 '완성된 원'으로 변하더라.

나2: 그러면 지금 이 시점에서, 네 삶은 어떤 그림이야?

나1: 색이 있는 원. 무지개처럼 다채롭고, 가슴속 별빛으로 빛나는 원. 물론 찌그러지고, 때로는 닫히지 않을 것처럼 느껴졌지만, 지금은 분명히 말할 수 있어. 그건 내 삶의 고유한 무늬였다고.

나2: 이제 네 나이로 보아서 그 원의 마지막 곡선을 그릴 시간이지?

나1: 그래. 그 마무리는 어떤 성취보다 내 안의 별과 함께 호흡하는 것이야. 지금은 매일 명상을 하며 그 별과 다시 연결되고 있어. 그리고 마지막 순간까지, 그 별로 돌아갈 준비를 하고 있지.

나2: 결국 그 별이 너였고, 그 별이 나였다는 걸 이제야 알게 되었구나.

나1: 맞아. 세상을 살면서 흔들렸던 적도 많았지만, 그 별은 단 한 번도 나를 떠난 적 없었어. 우리 가슴에 품은 별, 그 시작과 끝이 만나는 순간을 함께 맞으러 가자.

셀프 코칭 해설

이 사례는 셀프 코칭의 여정을 마무리하며, 삶이 결국 하나의 '원'을 그려 왔음을 드러낸다. 어린 시절 자장가 속에서 본 별은 초발심이 되어 삶을 시작하게 했고, 전쟁과 가난 속에서 품은 장군의 꿈, 무지개 위의 별 같은 환상은 삶의 색을 더했다. 그렇게 걸어온 길은 직선처럼 보였지만, 되돌아보니 결국 처음의 별과 마지막의 별이 만나는 원이었다.

특히 여기에서 중요한 통찰은, 초발심이 삶을 열게 한 불씨라면, 궁극심은 모든 것을 내려놓고 자신으로 존재할 수 있는 고요한 자리라는 점이다. 삶의 시작과 끝이 별이라는 상징으로 이어지며, 정체성과 존재가 하나의 원으로 통합된다. 셀프 코칭은 단순한 문제 해결이나 목표 달성의 과정이 아니라, 결국 자기 존재 전체를 관통하는 궤적을 알아차리는 여정임을 이 사례는 보여 준다. 별은 단순한 상징을 넘어, 삶의 중심이자 원의 축으로 남아 마지막 순간까지 길을 밝혀 준다.

셀프 코칭의 궁극적 의미, 건너가는 힘

현재를 넘어 더 큰 나로 건너가기

우리는 코칭이 무엇이며, 어떤 과정을 거치는지 살펴보았고, 셀프 코칭의 실제 사례를 통해 스스로 어떻게 성장해 나갈 수 있는지 확인했다. 요약하자면, 셀프 코칭은 현재의 자리에서 원하는 자리로 스스로 건너가는 힘을 기르는 여정이다.

국제코칭연맹(ICF)의 핵심 역량 중 하나인 '알아차림을 불러일으킨다(Evokes Awareness).'에는 '건너감(Beyond)'의 개념이 담겨 있다. 건너감이란 단순히 장소나 단계가 바뀌는 것이 아니라,

- 존재의 변환: 한 삶에서 다른 삶으로, 한 정체성에서 더 확장된 '나(the who)'로 이동하는 과정
- 관점의 변환: 현재 상황(the what)에 대한 해석과 느낌을 새롭고 넓은 시각으로 재구성하는 과정
- 행동의 변환: 현재의 생각 · 감정 · 행동을 넘어, 원하는 결과를 향해 새로운 선택과 실행을 시도하는 과정을 의미한다.

셀프 코칭은 스스로 건너가는 훈련이다

셀프 코칭은 단번에 완성되는 기술이 아니라, 반복과 실천 속에서

단단해지는 훈련이다. 처음에는 불안과 망설임 속에서 발을 떼지만, 그 과정이 쌓일수록 건너가는 힘은 자연스레 자라난다. 이 훈련은 자기 자신에 대한 호기심에서 출발한다. 내 안의 자원을 깨우고, 상상력을 회복하며, 알아차림을 통해 방향을 잡는다.

질문은 이 훈련의 중요한 도구 중 하나이다. 질문을 통해 얻게 되는 알아차림과 통찰은, 마치 안개 속에서 다리의 윤곽이 서서히 드러나는 순간과 같다. 그것은 단순히 호기심을 해소하는 데 그치지 않고, 다음 발걸음을 어디에 디딜지 감각적으로 알게 해 주는 길잡이이다. 그러나 셀프 코칭이 진정한 훈련이 되려면, 이 알아차림과 통찰이 머릿속에만 머무르지 않고 실제 행동과 선택으로 이어져야 한다. 마르쿠스 아우렐리우스가 말했듯, "강은 매번 새로운 물이 흐르지만, 그 강을 건너는 행위는 변하지 않는다." 삶이 바뀌어도 건너가는 힘의 본질은 같다. 그 힘은 오직 스스로 길러야 한다.

질문과 탐색은 건너감의 첫걸음

질문은 나를 현재에 묶어 두던 습관적 시선을 풀어 주고, 아직 보지 못한 가능성의 길을 향해 고개를 들게 한다. 셀프 코칭에서 질문과 대답의 주체는 동일하다. "나는 지금 어디에 서 있는가?" "내가 진정 원하는 것은 무엇인가?" "이 강을 건너면 어떤 내가 기다리고 있는가?" 같은 물음은 현재를 넘어 미래로 건너가는 상상력을 자극한다.

불교의 '바라밀다'가 말하듯, 건너가는 방법은 '자기 안에서 길을 찾는 것'이다. 침묵은 그 길찾기의 중요한 도구이다. 잠시 멈추어 자기 안의 목소리를 깊이 들을 때, 발밑의 단단한 지점을 발견할 수 있다. 이런 내면의 탐색이 건너감의 첫 발을 가능하게 한다.

알아차림의 힘, 관점 전환과 내적 자원 회복

알아차림이 깊어지면 관점이 바뀌고, 관점이 바뀌면 같은 현실도 전혀 다르게 보인다. 세네카는 "우리는 짧게 사는 것이 아니라, 대부분을 허비하며 산다."고 했다. 허비하던 시간이 가능성의 시간으로 바뀌는 순간, 행동할 힘이 생긴다.

셀프 코칭은 특히 내적 자원 회복에 중점을 둔다. 심리학자 에릭슨이 말한 '자아 효능감'처럼, 과거의 성공 경험을 현재의 도전에 연결하면 잠들어 있던 힘이 다시 깨어난다. "그때 나는 어떻게 그 어려움을 넘었는가?" "그때 나를 지탱한 힘은 무엇이었나?"를 묻는 과정에서 우리는 다시 건너갈 힘을 찾는다.

한 번의 건너감은 끝이 아니라, 다음 건너감을 가능하게 하는 자기 신뢰를 남긴다. 니체는 "살아야 할 이유를 아는 사람은 거의 모든 '어떻게'도 견딜 수 있다."고 했다. 내가 왜 이 강을 건너야 하는지, 저편에서 나를 기다리는 것은 무엇인지, 이 여정이 내 삶에 어떤 의미를 갖는지 분명히 할 때 건너가는 힘은 배가된다.

셀프 코칭은 이 과정을 자기 주도적으로 반복하며 힘을 축적한다. 작은 건너감이 반복될수록 자신감은 커지고, 새로운 도전을 시도할 가능성도 커진다. 매일의 알아차림과 실천이 쌓여 강을 건너는 힘은 완성된다.

건너감은 도착이 아니라 여정이다

코칭과 셀프 코칭의 본질은 동일하다. 현재 이곳에서 원하는 곳으로 건너가도록 돕는 것이다. 셀프 코칭은 자기 자신에 대한 호기심과 내적 자원을 기반으로 상상력을 회복하고, 통찰과 알아차림을 통해 건너가는 힘을 만든다. 도착보다 중요한 것은 건너감 그 자체이다. 건너감 속에서 만나는 '새로운 나'가 삶을 바꾸고, 그 변화가 다음 건너감을 부른다.

철학자 최진석은 "건너가는 자만이 새로운 세계를 가진다."고 했다. 머무르는 자는 익숙함 안에 갇히지만, 건너가는 자는 불확실 속에서 가능성을 얻는다. 빅터 프랭클이 말했듯, "삶이 우리에게 주는 질문에 대답하는 것이 바로 우리의 삶 그 자체"이다. 결국 건너감은 자기 자신을 다시 쓰는 행위이며, 그것이야말로 삶을 예술로 만드는 가장 인간적인 방식이다.

그림 | 박창규 · ChatGPT

당신에게 던지는 코칭 질문

지금 당신이 서 있는 자리는 어디인가요? 그곳에서 바라본 저편은 어떤 모습인가요?

당신에게 던지는 코칭 질문

삶의 원을 완성하는 질문들

★ 당신은 지금 어떤 질문 앞에 서 있나요?

★ 지금 당신 안에서 어떤 질문이 당신을 부르고 있나요?

★ 지금 당신 마음이 가장 정직하게 말하고 싶은 진실은 무엇인가요?

★ 지금 당신의 삶은 어디에서 가장 크게 '나와의 불일치'를 느끼고 있나요?

★ 지금 당신이 조용히 다시 불러들이고 싶은 '처음 마음'은 무엇인가요?

★ 당신의 선택을 하나로 모으는 중심에는 무엇이 있나요?

★ 당신의 목표는 지금 '어떤 사람이 되고 싶은 당신'과 연결되어 있나요?"

★ 당신 안의 중심별은 지금 어디쯤에서 은은한 빛을 건네고 있나요?

★ 지금 당신이 서 있는 자리는 어디인가요? 그곳에서 바라본 저편은 어떤 모습인가요?

Chapter 5

지금 여기에서
나를 살아 내다

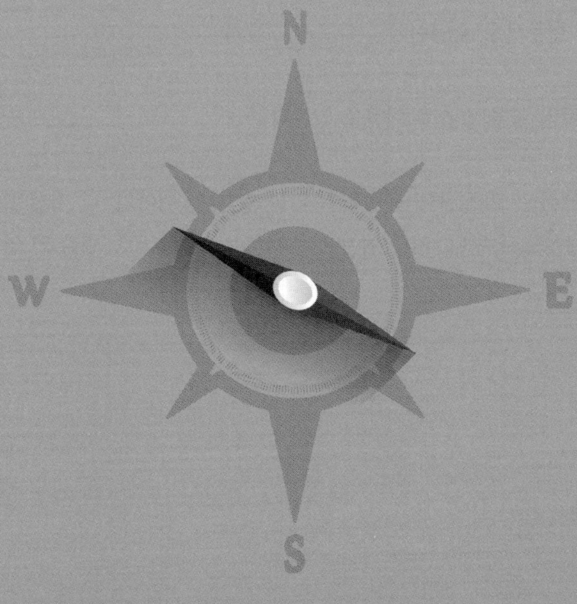

나는 지금, 내 삶을 이끌고 있는가

삶은 우리를 끊임없이 흔든다. 때로는 아프게, 때로는 조용히. 그 흔들림 속에서 우리는 조금씩 깨어난다. 되고 싶은 내가 되기 위해, 나답게 살아가기 위해. 삶은 질문을 던지고, 고요한 틈을 만들어 준다. 그 틈 안에서 우리는 비로소 자신과 마주한다.

텅 빈 자리에서도 가능성을 꿈꾸고, 고독 속에서도 나와 손을 잡으며, 삶의 매 순간 YES와 NO를 선택하는 것. 그것은 단순한 선택이 아니라, 나를 살리는 방식이다. 멈추고, 기다리고, 속삭이며, 결국 내가 살아온 방식 그대로 유산을 남기는 것. 이 모든 여정은 단 하나의 질문으로 수렴된다.

“나는 지금, 나의 삶을 스스로 이끌고 있는가?”

이 Chapter에서는 그 질문에 응답하기 위한 열 가지 이야기, 나 자신을 다시 불러내는 이야기들을 나누고자 한다. 지금 여기에 존재하는 연습, 바로 ‘현존’의 연습이다.

아, 내가 지금 여기 있구나

나는 종종 내 삶에서 사라져 있었다

창가에 앉아, 따뜻한 차 한 잔을 들었다. 김이 피어오르는 찻잔 너머로 아침 햇살이 천천히 들어왔다. 바람 한 점 없는 고요한 시간. TV도 꺼 두고, 핸드폰도 멀리 둔 채, 나는 그저 앉아 있었다. 무엇을 하려는 것도 아니고, 무엇을 생각하는 것도 아니었다. 이상하게도 그 순간, 세상은 더 선명해 보였고, 내 호흡은 조금 느려졌다.

찻잔을 두 손으로 감쌌다. 온기가 손바닥을 타고 마음까지 번져 왔다. 그제야 느껴졌다. '아, 내가 지금 여기 있구나.' 어디에도 가지 않은 채, 나의 자리로 되돌아온 느낌이었다. 멀리 있던 나의 마음이 천천히 나를 따라와 제자리에 앉았다.

생각해 보면, 나는 종종 내 삶에서 사라져 있었다. 몸은 분주히 움직였지만, 마음은 늘 어딘가를 떠돌았다. 회의 시간에도, 강의 도중에도, 가족과 함께 있는 저녁 식사 자리에서도, 나는 지금 이 순간보다 '다음 해야 할 일'에 빠져 있었다. 어느새 삶은 미래라는 이름의 그림자에 갇혀 버리고, 지금 여기에 있는 '나'는 흐릿해졌다.

하지만 오늘 아침, 그 차 한 잔은 나를 붙잡아 세웠다. 아무것도 하지 않아도 되는 시간. 무엇도 증명할 필요 없는 자리. 그곳에서 나는 비로소 '존재하고 있다.'는 감각을 되찾았다. 삶이란 어쩌면 바로 이 감각, 이 호흡 하나에서부터 시작되는 것인지도 모른다.

현존은 지금 이 자리를 살아 내기로 한 나의 조용한 선택

눈을 감고, 다시 한 모금 차를 들이켰다. 입안에 퍼지는 온기, 창밖을 스치는 바람 소리, 멀리서 들려오는 새소리, 나뭇잎 위로 떨어지는 햇빛. 그 모든 것은 오랫동안 듣지 못했던 세상의 속삭임이었다.

세상은 그렇게 조용히 말을 걸고 있었는데, 나는 너무 오랫동안, 마음의 귀를 닫고 있었던 것이다. 그제야 문득 떠오른 질문 하나.

"나는 지금, 나의 삶을 스스로 살아가고 있는가?"

그 질문은 조용히 나를 자극했고, 나는 다시, 지금 이 자리에 있는 나를 바라보게 되었다.

그 순간, 나는 또 다른 알아차림이 왔다. 현존이란, 지금 이 자리가 우연히 주어진 것이 아니라, 내가 기꺼이 받아들인 삶의 무대라는 깊은 자각이다. 그 자각이 깃든 순간, 현존은 이 시간을 내가 선택했다는 책임의 마음으로 살아가는 태도가 된다. 그리고 결국, 현존이란 지금 이 자리를 살아 내기로 한 나의 조용한 선택이 된다.

삶의 방향은 때로 잃어버릴 수 있다. 하지만 그 방향을 다시 찾기 위한 시작점은 언제나 같다. 바로 지금 여기, 나. 이 순간의 나. 그리고 나는 오늘, 그 시작점에 다시 앉았다.

찻잔을 내려놓고, 가만히 숨을 들이쉰다. 조금 후면 나는 다시 걷기 시작하겠지만, 이번엔 조금 더 나답게 걸어갈 수 있을 것 같다. 텅 빈 가능성의 자리로, 나의 길로.

당신에게 던지는 코칭 질문

지금 이 순간의 나를 나는 얼마나 깊이 만나 주고 있나요?

그림 | 박창규 · ChatGPT

찻잔을 두 손으로 감쌌다.

온기가 손바닥을 타고 마음까지 번져 왔다.

아, 내가 지금 여기 있구나.

0에서 시작하는 지금 여기의 삶

0이라는 자리, 없음이 아닌 출발점

창밖에 잔잔한 바람이 지나간다. 아무 일도 일어나지 않는 평온한 시간, 나는 문득 이런 생각에 잠겼다.

'삶은 모든 것이 있을 때보다, 아무것도 없을 때 더 많은 것을 말해주는구나.'

나는 종종 그런 텅 빈 순간들을 떠올린다. 막막했던 어린 시절, 세상은 너무 커 보였고 나는 한없이 작게 느껴졌다. 손에 쥔 것은 없었지만 마음속 어딘가에선 조용한 물음이 피어났다.

"나는 무엇이 될 수 있을까?"

그 물음은 결핍에서 비롯된 것이 아니라, 내 안의 여백에서 솟아난 가능성이었다. 그 시절의 나는 마치 숫자 '0' 같았다. 아무것도 아닌 듯 보였지만, 동시에 무엇이든 될 수 있는 자리였다.

숫자 '0'은 인류가 '없음' 속에서 의미를 찾아낸 위대한 발견이다. 고대 인도에서 '숀이야(śūya)'라는 개념으로 태어난 이 숫자는 단순한 빈자리가 아니라 자리를 정의하는 존재, 모든 셈의 시작점이 되었다. 0은 공허가 아니라 출발점이며, 무(無)가 아니라 여백이다.

우리 삶도 그렇다. 무언가 부족하다고 느끼는 순간들이, 실은 다시 시작할 수 있는 공간이 된다. 그때 나는 느꼈다. 텅 빈 삶은 버려진 것이 아니라, 스스로 선택할 수 있는 새로운 그림의 배경이라는 것을.

다음 삶의 문턱, '텅 빈 자리'

"한번 가 볼까."

그 다짐은 작았지만, 내 안의 조류를 바꾸었다. 나는 점을 찍듯 삶의 캔버스 위에 한 걸음씩 흔적을 남겼다. 처음엔 흐릿했지만, 그 선들이 모여 지금의 나를 그려 내기 시작했다.

삶은 종종 그렇게 조용한 결심 하나로 방향을 튼다. 텅 빈 공간은 허전한 자리가 아니라, 내가 무엇을 채울 수 있을지 선택할 수 있는 자리였다. 삶은, 내가 무엇을 꿈꾸느냐보다 무엇에 용기 내어 그리기 시작했는가로 완성된다. 그리고 그리기 시작한 순간부터, 나는 이미 길 위에 있었다.

살다 보면 누구나 '텅 빈 자리'와 마주하게 된다. 실패 뒤의 정적, 관계의 끝자락, 길을 잃은 듯한 순간들. 하지만 나는 이제 안다. 그 자리가 다음 삶이 시작되는 문턱이라는 것을. 무언가를 붙잡는 대신, 내려놓을 때 방향이 생긴다. 내려놓음은 포기가 아니라 여백이고, 여백은 가장 깊은 깨달음의 공간이다.

많은 전환의 순간을 나는 그렇게 맞이했다. 집착을 내려놓았을 때 관계가 보였고, 인정받으려는 마음을 비우자 스스로가 편안해졌다. 진정한 충만함은 더 채우는 곳에서부터가 아니라, 더 이상 채울 필요가 없을 때 찾아오는 것인지도 모른다.

모든 것이 될 수 있는 숫자 0의 자리로

지금도 나는 종종 그 '0'의 자리로 돌아간다. 삶이 복잡해질수록, 마음이 무거워질수록 나는 다시 처음으로 돌아가 본다. 그 자리는 두려움의 공간이 아니라, 다시 그릴 수 있는 용기의 자리이다. 텅 빈 마음에 작은 의미 하나가 스며들 때, 삶은 다시 단순해지고, 더 충만해진다. 무엇이든 다 가질 수 없다는 걸 알기에, 나는 오늘도 그 비어 있는 자리를 사랑하려 한다.

그 안에는 여전히 질문이 있고, 방향이 있으며, 아직도 피어나지 않은 삶의 가능성들이 조용히 숨 쉬고 있다. 숫자 0은 아무것도 아닌 것이 아니라, 모든 것이 될 수 있는 자리.

삶은 언제든지, 그 자리에서부터 다시 시작될 수 있다. 아무것도 없던 그 순간들이, 나를 가장 온전하게 만들었다. 텅 빈 자리야말로, 내가 나를 다시 만나는 가장 깊은 곳이었다.

당신에게 던지는 코칭 질문

지금 당신 안의 '0'은, 무엇을 새로 시작하라고 조용히 부르고 있나요?

그림 | 박창규 · ChatGPT

0은 숫자가 아니라,
가능성을 여는 철학이다.
삶의 공허는 결핍이 아니라,
다시 시작의 문이다.

운전대를 잡는 자는 멀미하지 않는다

당신은 삶의 운전대를 잡고 있는가?

삶은 거대한 항해와 같다. 때로는 맑은 하늘과 잔잔한 바람 속을 달리지만, 갑작스러운 폭풍과 어두운 안개 속에 방향을 잃고 표류하기도 한다. 그럴 때 가장 중요한 것은 누가 그 항해의 운전대를 잡고 있느냐는 것이다. 당신의 삶은 어떤 방향으로 나아가고 있는가? 당신은 삶의 운전대를 잡고 있는가?

우리는 종종 예상치 못한 굴곡을 만난다. 특히 은퇴와 같은 삶의 전환점에서는 익숙했던 모든 것이 무너진 듯한 공허함을 느끼곤 한다. 나는 오랜 시간 동안 조직과 사회 속에서 주어진 역할을 수행하며 바쁘게 살아왔다. 그러던 어느 날, 그 모든 것에서 벗어나니 갑작스러운 자유가 공허함으로 다가왔다. 주변에서는 다양한 조언과 제안을 건넸지만, 그 어떤 것도 내 삶의 방향을 대신 정해 줄 수 없었다.

삶이라는 항해는 때때로 나침반을 잃은 배처럼 혼란스럽다. 하지만 그런 순간일수록 우리가 운전대를 다시 잡아야 한다. 스티브 잡스가 “다른 사람의 삶을 사느라 시간을 낭비하지 마라.”고 말했듯, 이 여정은 타인의 기대가 아니라 나 자신의 가치를 찾아가는 시간이 되어야 한다. 방향을 잃었다는 불안 속에서도 나 자신이 삶의 운전대를 쥐고 있다는 사실을 자각하는 것이 가장 중요한 출발점이다.

은퇴 후, 처음으로 잡은 내 삶의 운전대

운전대를 잡는다는 것은 단순히 선택권을 가지는 것이 아니라, 삶의 방향을 주도적으로 설정하는 행위이다. 이는 두려움 속에서도 결단을 내리고, 혼란 속에서도 목표를 설정하며 앞으로 나아가는 힘이다. 방향이 분명하다면 속도는 중요하지 않다. 천천히 가더라도 내가 원하는 길을 걷고 있다면, 그 길은 반드시 의미를 갖는다.

삶의 운전대를 잡는 것은 실패를 마주했을 때 더욱 중요하다. 한 젊은 기업가의 이야기가 떠오른다. 그는 창업 초기부터 실패를 거듭하며 주변의 비난 속에서 좌절했지만, "내 삶의 운전대는 내가 잡는다."는 결심으로 다시 일어섰다. 실패 속에서 교훈을 얻고 방향을 재조정한 그는 결국 성공적인 기업가로 거듭났다. 그의 사례는 운전대를 잡는 것이 삶의 도전과 실패를 극복하는 열쇠임을 보여 준다.

군에서 은퇴 후, 사회에 적응하기 위해서 나는 처음으로 삶의 운전대를 다시 잡아야 했다. 익숙했던 일상과 사회적 역할에서 벗어나자 막막함과 두려움이 몰려왔다. 하지만 스스로 내 삶의 방향을 설정하기 시작하면서, 내면 깊은 곳에서 잠들어 있던 열정과 호기심이 깨어났다. 매일 아침 산책을 하며 하루의 목표를 정리하고, 저녁에는 하루를 돌아보며 글을 쓰는 시간을 가졌다. 강의와 코칭을 통해 사람들과 소통하며 새로운 루틴을 만들어 갔다. 이러한 작은 선택들이 쌓이면서, 내 삶은 점점 더 분명한 방향성을 갖게 되었다.

운전대를 다시 잡은 순간 깨달았다. 중요한 것은 안정이 아니라 내가 진정으로 원하는 것이 무엇인지 명확히 하는 것이다. 중심을 잡는다는 것은 내가 무엇을 위해 살아가고 있는지 스스로 정의하고, 그것을 실천으로 옮기는 과정이다.

삶의 중심을 잃지 않으려면

삶은 흔들림의 연속이다. 하지만 중심을 잃지 않으면 어떤 상황에서도 자신만의 길을 걸어갈 수 있다. 중심을 잡는다는 것은 내면의 나침반을 따르는 것이다. 외부의 기대나 사회적 기준이 아니라, 내가 진정으로 원하는 삶의 방향을 설정하고 그 길을 묵묵히 걷는 것이다.

삶의 중심을 잃지 않으려면 몇 가지가 필요하다.

① 정체성을 아는 것: 내가 누구인지, 무엇을 위해 살아가는지를 명확히 이해해야 한다. 정체성이 뚜렷할수록 흔들리지 않는다.

② 자신만의 방향 설정: 목표는 단순한 성취가 아니라, 내면의 가치와 일치해야 한다.

③ 변화 수용하기: 삶은 끊임없이 변한다. 그 변화를 두려워하지 않고 받아들이는 것이 중요하다.

④ 책임과 결단: 내 선택에 대한 책임을 지고, 그 선택을 실천하는 의지가 필요하다.

삶의 길은 안개 속에 가려져 있을 때가 많다. 그러나 운전대를 놓지 않고 한 걸음씩 나아간다면, 그 길은 서서히 모습을 드러낸다. 그 길은 이미 당신의 선택 속에 존재하며, 당신이 걸어가는 순간 가장 분명한 길로 자리 잡는다.

운전대를 잡으면 삶이 빛난다

삶의 여정에서 가장 중요한 것은 내면의 나침반이다. 그 나침반은 내가 진정으로 원하는 것이 무엇인지를 가리킨다. 외부의 이정표가 아닌 내면의 빛을 따라 나아갈 때, 우리는 혼란 속에서도 자신만의 길을 찾을 수 있다.

운전대를 잡고 나아갈 때, 속도보다 방향이 중요하다. 우리는 종종 빠르게 성공하려고 애쓰지만, 중요한 것은 내가 진정으로 원하는 목표를 향해 가고 있는지의 여부이다. 천천히 가더라도 내가 믿는 가치를 따라가는 길이야말로 의미 있는 여정이다.

삶은 나침반 없는 항해와 같다. 하지만 진정한 나침반은 외부의 기준이 아니라 우리 내면에 있다. 운전대를 잡는다는 것은 단순히 삶을 통제한다는 의미를 넘어, 스스로 방향을 정하고 그 길을 책임지겠다는 의지의 표현이다. 안개 속에서도 중심을 잃지 않고 나아가는 사람은 결국 자신의 길을 찾아낸다. 때로는 불확실하고 험난해 보일지라도, 내가 선택한 길을 묵묵히 걸어가는 순간 그것은 가장 분명하고 가치 있는 길로 변한다.

삶의 주도권은 타인이나 환경이 아닌, 바로 나의 손에 있다. 내가 원하는 방향을 설정하고, 흔들리지 않는 책임감으로 그 길을 걸어가는 것이야말로 진정한 삶의 철학이다. 운전대를 잡는 순간 우리는 삶의 주인이 된다. 속도에 집착하지 않고 방향에 충실할 때, 비로소 삶은 의미를 갖는다.

당신의 삶의 운전대는 누구의 손에 있는가? 그 운전대를 스스로 붙잡고 있다면, 어떤 도전이 닥쳐와도 두려워할 필요가 없다. 지금 당신의 선택과 책임이 삶의 빛을 만들어 낼 것이다. 삶의 여정은 단순한 반복이 아니라, 당신의 의지 속에서 매 순간 새롭게 쓰여진다. 운전대를 잡으라. 그것이 당신의 삶을 빛나게 하는 시작이다.

당신에게 던지는 코칭 질문

지금 당신의 삶의 운전대는 정말 당신 손에 있나요, 아니면 모르는 사이 다른 손에 넘어가 자기도 모르게 흔들리고 있나요?

그림 | 박창규 · ChatGPT

운전대를 쥔 손이 곧 당신의 삶이다.

그 손을 놓지 않는 한,

선택과 책임은

언제나 빛으로 이어진다.

고독, 인생을 깊게 끓이는 비밀 양념

외로움과 고독, 쌍둥이인 척하는 사촌 형제

며칠 전, 오랜만에 친구들과 소주잔을 기울이며 인생 이야기를 나누었다. 한 친구가 툭 던진 말이 아직도 생생하다.

"야, 나이 들면 그냥 외롭게 지내는 거야. 괜히 뭘 자꾸 물어." 다들 웃으며 넘겼지만, 집으로 돌아오는 길에 그 말이 오래 맴돌았다.

'왜 우리는 혼자 있는 걸 무조건 외롭다고 생각할까?'

아침, 창가에 앉아 봄비를 바라보며 따뜻한 차 한 잔을 들었다. 옆에 아무도 없다. 그런데 전혀 허전하지 않다. 말을 건네는 사람도 없고, 알림음도 들리지 않는 고요 속에서 나는 그저 편안했다.

"어라, 이거…… 완전 고독 FLEX 아냐?"

고독이라는 녀석, 첫인상은 썩 좋지 않다. 어둡고 무거운 그림자를 들고 다니는 것 같아 보인다. 외로움과 닮은 사촌 형제 같지만, 막상 가까이서 보면 성격이 꽤 다르다. 외로움은 함께하고 싶은데 함께할 사람이 없어 느끼는 허기이다. 반면, 고독은 스스로 선택한 침묵이다. 전자는 치킨을 시켜 놓고 나눌 사람이 없어 쓸쓸한 상태, 후자는 치킨 두 마리를 혼자 시켜서 당당히 먹으며 드라마 한 편까지 곁들이는 여유이다.

식당에서 혼자 밥을 먹다 보면 누군가의 시선이 느껴진다. '저 사람, 외로운가 보다' 하는 동정 어린 눈빛들. 그럴 때마다 나는 속으로 웃는다.

"친구? 많아. 그런데 오늘은 내가 나 자신과 데이트 중이거든?"

SNS는 끊임없이 그저 "함께해요."를 외친다. 하지만 진짜 문제는 혼자 있는 게 아니라, 혼자 노는 법을 모르는 것이다.

고독 맛집 가이드, 입문부터 고수까지

몇 해 전, 월정사에서 6일간 묵언 수행을 했다. 말을 못 한다는 사실은 처음엔 입안에 사탕을 삼키지 못하고 굴리는 것처럼 답답했다. 하지만 하루, 이틀이 지나자 이상하게도 고요함이 편해졌다. 식당에서도 조용, 산책하면서도 조용, 반가운 사람을 만나도 눈빛으로만 "안녕." 하고 지나갔다. 그러자 문득 내 안에서 오래 잊고 지냈던 목소리가 들려오기 시작했다.

"안녕, 나야. 오랜만이네?"

내 안에 숨어 살던 나와 처음으로 제대로 인사했다. 20년 넘게 같은 집에 살면서도 서로 모른 척했던 가족을 갑자기 알아보는 느낌이었다. 요즘 나는 '혼자 잘 노는 연습'을 한다. 아침 산책, 혼밥, 혼카페, 심지어 혼자 여행도 간다. 해변을 걷다가 문득 웃음이 터졌다.

'혼자인데 왜 이렇게 자유롭지? 그리고…… 왜 자꾸 웃음이 나지?'

고독은 결핍이나 부족함이 아니다. 오히려 자기 자신과 친해진 사람만이 누릴 수 있는, 비밀스러운 특권이다. 먹고 싶은 걸 마음껏 먹고, 가고 싶은 곳으로 마음껏 떠나고, 듣고 싶은 음악을 실컷 듣는다. 양말 한 짝이 사라져도 누구를 탓할 필요 없고, 과자 부스러기가 떨어져도 추리게임을 할 필요 없다. 그저 내가 치우면 된다. 심플하다.

고독을 즐기는 방법은 간단하다. 하루 15분, 휴대폰을 끄고 창밖을 바라보는 것부터 시작하자. 혼자 카페 가기, 영화관 가기, 그리고 어느 날엔 혼자 여행을 떠나보자. 여행길 낯설은 식당에서 혼자 먹는 식사는 또 다른 차원의 자유로움을 선물한다. 한 노신사는 공원 벤치에서 이렇게 말했다.

"젊을 땐 혼자가 어색했지. 근데 지금은 혼자가 제일 편해. 드디어 나랑 친해졌거든."

혼자 있는 시간은 별다른 이벤트가 없다. 좋아하는 음악을 틀고, 차 한 잔을 들고, 가만히 앉아 있을 뿐이다. 책 한 권이 손에 들려 있으면 더욱 좋고. 그러면 어느새 마음이 정리되고, 생각이 정돈된다. 마치 잔잔한 물가에 던진 조약돌처럼.

고독, 의외로 괜찮은 친구

키르케고르는 말했다.

"고독 속 실존은 무한한 자유 앞에서 현기증을 느끼는 것이 아니라, 자기 행위에 책임지는 것이다."

고독과 친해질수록, 오히려 사람들과 더 깊게 연결된다. 혼자 있는 힘은, 인생의 후반전을 더욱 빛나게 만든다. 오늘도 나는 창가에 앉아 고독을 맞이한다. 말없이 옆자리를 채워 주는 이 친구 덕분에, 나는 조금 더 단단해진다.

'아, 고독이란 녀석…… 의외로 괜찮은데?'

고독의 맛, 한번 입에 들이면 자꾸만 생각나는 묘한 중독성. 혼자라서 외로운 게 아니라, 나 자신과 친하지 않을 때 외로운 것이다. 결국 고독은, 나 자신과 나누는 조용한 대화이다.

당신에게 던지는 코칭 질문

당신은 지금, 누구와 함께 고독을 건너고 있나요?

그림 | 박창규 · ChatGPT

"혼자인데 왜 이렇게 자유롭지?

그리고……

왜 자꾸 웃음이 나지?"

YES와 NO,
내가 선택한 삶의 말들

나는 YES와 NO를 배우는 중이야

삶에서 나를 설명하는 말은 무수히 많다. 가족, 직업, 성격, 좋아하는 것, 싫어하는 것. 하지만 시간이 흐를수록 나는 이렇게 생각하게 됐다. 내가 어떤 사람인가를 가장 정확히 말해 주는 건, 내가 무엇에 YES라고 했고, 무엇에 NO라고 했는가이다.

어느 날 친구가 내게 물었다. "네 인생을 한 문장으로 요약한다면?" 나는 웃으며 대답했다. "나는 YES와 NO를 배우는 중이야." 친구는 어리둥절한 표정이다. "그게 뭐 그렇게 특별한데?" "특별하지. 그 두 글자에 내 모든 선택이 담겨 있으니까."

누군가는 그걸 운명이라 부를지도 모르고, 또 누군가는 신념이나 목표라고 할 수도 있다. 그러나 결국, 우리는 매일같이 그 짧은 말 두 개로 자신의 삶을 선택하고, 방향을 정하고, 흔들리면서도 걸어간다. YES와 NO. 단 두 글자지만, 이 안에 내 선택이 있었고 삶이 달라진다.

전사 정신, 말보다 먼저 서야 할 태도

이 글에서 사용하는 '전사 정신(Warrior Spirit)'이라는 용어는 칼 융의 심리학에서 영감을 받아 후대의 코치들과 심리학자들이 자기 인식, 통합, 실행력의 태도를 설명하며 사용한 개념이다.

"아니, 전사라니? 검도 없는데?"라고 묻는 사람들에게 나는 이렇게 설명한다. "진짜 전투는 밖이 아닌 안에서 벌어지는 거야. 자기 안의 두려움, 의심, 게으름과 싸우는 사람이 진짜 전사지."

전사는 검을 들고 밖에서 싸우는 이가 아니라, 자기 안의 목소리와 싸우는 사람이다. 자신을 보호하고, 자신을 믿고, 자신을 실행에 옮기는 태도. 그게 전사의 자세이다. 빅터 프랭클도 말했다.

"자극과 반응 사이에는 공간이 있다. 그 공간 속에서 우리는 선택할 자유와 능력을 가진다."

한번은 내가 이 말을 회사 모임에서 인용했더니, 한 동료가 웃으며 말했다. "그래서 뭐? 우리 인생에 그런 '공간'이 어디 있어?" 나는 고개를 끄덕였다. "지금 네 반응이 바로 그 증거야. 네가 지금 그렇게 대꾸하기 전에, 잠깐의 생각할 시간이 있었잖아. 바로 그게 '공간'이야."

YES와 NO는 바로 그 '공간'에서 나오는 결단이다. 외부로부터 나를 지키기 위한 선택이 NO이고, 내면으로부터 나를 밀어 주는 선택이 YES이다.

NO, 나를 지키는 방벽

살다 보면, 나를 흔드는 건 두 가지이다. 밖에서 밀고 들어오는 힘, 그리고 안에서 올라오는 목소리. 밖에서 말한다. "다들 하잖아." "그건 해 줘야지." "그렇게 하면 싫어하더라."

이건 Outside-in, 외부로부터 오는 기대, 강요, 비교, 시선의 압력이다. 이럴 때 나는 선택해야 한다. NO라고 말이다. 한번은 기업인들이 모인 곳에서 명함을 교환했더니, 어느 분이 물어 왔다.

"은퇴하셨으니 시간되시죠? 저는 괜찮은 식당을 여러 개 운영하고 있는데 직원들 교육시키고 관리할 사람이 필요합니다. 혹시 저를 도와주실 수 있는지요?”

“감사합니다. 한번 생각해 보겠습니다.” 그리고 한참 동안 생각해 보았다. 그리고 진정 원하는 삶과 며칠 간의 대화를 거쳐 나는 공손하게 감사의 말과 NO라는 말을 전했다. 한참 뒤에 군에서 연락이 왔다. “지하철 청소관리 총책임자 자리가 있는데, 보수가 괜찮아요. 관심 있으세요?”

이번에는 보수도 더 나아졌고 직함이 높았고 사무실과 비서도 제공된다고 했다. 구미가 많이 당겼다. 그렇지만 역시 NO했다. 으레 그렇듯이 3년간이라는 제한된 기간의 직책이 오히려 먼 인생의 후반기에 장애가 될 수도 있다는 생각에 NO라고 응답을 보냈다.

사람들은 의아해했다. “왜요? 돈도 제법 되고, 할 일도 있는데……” 하지만 나는 알고 있었다. 나에게 남은 시간을 써야 할 곳은 그곳이 아니라는 것을. NO는 단순한 거절이 아니다. 나의 시간, 나의 중심, 나의 에너지를 지키는 울타리를 치는 일이다.

지키고 싶은 것이 무엇인지 아는 사람만이 그 울타리를 세울 수 있다. 이렇게 중요한 사항에 대해 NO라고 말하기 위한 핵심은 간단하다. 요청받은 순간 멈추고 숙고의 시간을 갖는 것이다. “이것이 정말 내게 중요한가?”라고 자문하는 것이다. 그리고 그 대답에 따라 행동하는 용기를 갖는 것.

처음엔 NO를 말하는 게 어려웠다. 특히 한국 사회에서는 “예의 바른 사람은 NO를 삼가야 한다.”는 암묵적 규칙이 있으니까. 하지만 시간이 지나고 나니, 이네 나이 들어 돌아보니 내 인생에서 가장 잘한 선택들은 대부분 외부 압력에 ‘NO’라고 말한 결정들이었다.

YES. 내면의 목소리에 대한 결단

반대로, 내 안에서 어떤 목소리가 속삭일 때도 있다. "두렵지만 해 보고 싶다." "내가 정말 원하는 건 이것이다." "실패해도 괜찮아, 한 번쯤은 해 봐야 하지 않겠어?" 이건 Inside-out, 내면으로부터 솟아나는 열망, 직관, 진정한 가치, 내 영혼의 목소리이다. 이럴 때 나는 선택한다. YES라고 답해야 한다.

은퇴 후, 나는 내면의 목소리를 듣기 위해 여러 번 고독한 숙고의 시간을 가졌다. 그때마다 내가 묻는 것은 비슷했다. "너는 평생 리더십을 체험해 왔어. 그 경험을 일반 사회에서 나눌 수 있지 않을까?" 이것에 대한 답은 불확실했다. 나이도 있었고, 새로운 분야이기도 했다. 하지만 그 목소리는 계속되었다. "코칭 리더십이라는 세계로 들어가 보는 건 어때요?" 주변에서는 말했다. "새로운 분야에서 고생하지 말고 은퇴했으면 편하게 사세요."

하지만 내 안의 목소리는 달랐다. 결국 나는 YES라고 말했다. 그것은 내면의 목소리가 말해 준 소리였기 때문이다. 해외 연수를 다니기 시작했다. 비용도 만만치 않았고, 영어 공부도 다시 해야 했다. 하지만 그 YES 하나가 은퇴 후 30년의 삶을 완전히 바꿔 놓았다.

그 목소리에 YES라고 말하는 건, 불확실성의 벽에 균열을 내는 망치 같은 선택이다. YES는 단순한 동의가 아니다. 내 안의 가능성을 꺼내 세상으로 뚫고 나아가는 추진력이다.

YES를 말하기 위한 핵심은 내면의 목소리와 더불어 자신의 몸이 보내는 신호에 주목하는 것이기도 하다. 어떤 아이디어나 기회가 가슴을 뛰게 하고 에너지를 느끼게 한다면, 그것은 내 안의 YES일 가능성이 높다. 나는 그동안 수많은 실패도 겪었고, 망설임 속에서 돌아선 길도 있었다. 하지만 돌이켜보면, 내 삶을 바꾼 순간들은 언제나 "그래, 이건 내가 해 보고 싶은 일이야." 라고 YES를 말했던 그 순간들이었다.

삶은 말이 아니라 방향이다. YES와 NO는 말이 아니다. 방향이다. 하나는 막을 것을 막는다. 하나는 뚫을 것을 뚫는다. NO는 바깥에서 들어오는 방해되는 것을 막는 방패이다. YES는 내 안의 열망으로 장벽을 뚫고 나가는 망치이다.

내가 언제 NO를 외쳤고, 언제 YES를 외쳤는지, 그 말의 기록이 곧 내가 살아온 방식, 그리고 내가 앞으로도 지키고 싶은 삶의 자세이다. 어느 회사 모임에서 한 후배가 내게 물었다.

"선배님, 은퇴 후에도 그렇게 활기차게 사시는 비결이 뭐예요?" 나는 빙그레 웃으며 두 개의 손가락을 들어 보였다. "두 글자야. YES와 NO." 후배는 웃었다. "그게 다예요?"

"그게 전부야. 나는 수시로 이 질문을 던져. '이건 내가 진심으로 YES라고 말하고 뚫고 나아갈 것인가? NO라고 말함으로써 나를 지킬 수 있는 것인가?'"

두 힘의 균형을 맞추는 비결은 자신의 핵심 가치를 명확히 아는 것이다. 내가 정말 중요하게 생각하는 가치 세 가지만 중심에 넣고만 있어도, YES와 NO를 언제 말해야 할지 자연스럽게 볼 수 있다.

두 글자로 만드는 나만의 인생

이제 나는 안다. NO는 외부의 소음으로부터 나를 지키는 힘이고, YES는 내면의 진실로 세상과 만나는 힘이다. 이제 나이들만큼 들었지만 수시로 내 안에 조용히 묻는다.

"내가 진심으로 YES라고 말하고 싶은 것은 무엇이지?"

"내가 NO라고 말해야 지킬 수 있는 것은 무엇이지?"

이 질문이 나의 중심이고, 내가 택한 전사의 길이다. YES와 NO. 이 두 단어가 나를 지켜 주었고, 나를 밀어 주었고, 결국 나를 만들어 주었다. 단 두 글자지만, 이 안에 내 모든 선택이 있었고 그것이 내 삶의 방향을 결정했다. 그리고 앞으로도 이 두 글자를 통해 내 삶의 진정한 의미를 찾아갈 것이다.

당신에게 던지는 코칭 질문

당신은 지금, 무엇에 NO를 말하고 무엇에 YES를 선택하고 있나요?

그림 | 박창규 · ChatGPT

YES와 NO, 단 두 글자.

그러나 그 안에 내 선택이 있었고,

삶은 달라졌다.

NO는 막아 지키게 하고,

YES는 열어 이루게 한다.

카이로스가 찾아오는 순간

크로노스에서 벗어나기

우리 삶은 늘 분주하다. 해야 할 일, 만나야 할 사람, 놓치지 말아야 할 소식들로 하루는 가득 차 있다. 멈추면 불안하고, 쉬면 뒤처질 것만 같다. 그래서 우리는 달린다. 그러나 문득, 다 이룬 듯한 날조차 마음은 허전하고, 시간은 허망하게 흘러간다.

'나는 오늘 하루, 제대로 나와 함께 있었는가.'

이 질문 앞에서는 쉽게 고개를 끄덕이기 어렵다. 하루를 살았지만, 그 순간순간에 '내가 있었다.'고 말하기는 쉽지 않다. 바로 그 지점에서, 우리에게 필요한 건 단순한 쉼이 아니라 깨어남을 위한 멈춤이다. 그 멈춤은 '카이로스의 시간', 즉 양이 아니라 깊이로 측정되는 시간의 문을 여는 열쇠가 된다.

우리가 익숙하게 사용하는 시간은 대부분 '크로노스'이다. 초 단위로 움직이고, 일정표에 따라 흘러가는 시간. 중요한 것은 속도와 양이다. 그러나 그렇게 관리된 시간은 영혼에게 말을 걸지 못한다. 오히려 시간에 끌려다니며 자신을 잃는 일이 많다.

이제는 물리적 시간보다 존재의 각성이 일어나는 시간, 즉 카이로스를 회복해야 한다. 그것은 분 단위로 흐르는 시간이 아니라, 영혼이 '지금 여기'에 도착하는 순간이다. 아무것도 하지 않고도, 무엇보다 많은 일이 일어나는 시간. 멈춤은 크로노스에서 벗어나 카이로스를 맞이하는 첫걸음이다.

지금 여기, 영혼이 깨어나는 자리

카이로스의 시간은 마음 깊은 곳에서 일어나는 변화이다. 꽃 한 송이가 피어나는 것을 바라보는 동안, 무언가가 안에서 조용히 움직인다. 사라져 가는 낙엽을 눈으로 따라가는 그 짧은 순간, 삶은 뜻밖의 울림으로 다가온다. 말없이 피어오르고, 저절로 사라지는 자연의 리듬은 카이로스의 교과서이다.

명상도 그렇다. 눈을 감고 숨을 고르는 동안, 지금 이 자리에 나를 놓는 일. 아프리카 속담처럼, "너무 빨리 걸었기에, 영혼이 아직 따라오지 못했다."며 걸음을 멈추는 그 순간. 그때 우리는 단지 쉬는 것이 아니라, 내 안의 생명과 다시 손을 잡는다. 멈춤은 지금 여기로 나를 데려오는 가장 부드러운 방식이다.

멈추는 것은 종종 나약함으로 여겨진다. 하지만 진짜 멈춤은 가장 용기 있는 행위이다. 삶이 가르쳐 주는 가장 깊은 깨달음은 달릴 때보다 멈췄을 때 더 많이 찾아온다. "나는 어디에 있고, 누구로 살아가고 있는가?"라는 질문은 멈추지 않으면 떠오르지 않는다.

이 질문은 곧 존재의 방향성을 회복하는 각성으로 이어진다. 카이로스의 시간은 언제나 이런 질문에서 시작된다. 그것은 단순한 선택이 아니라, 나의 존재가 더 이상 흘러가지 않고 '존재하기'를 택하는 순간이다. 멈춤은 삶을 다시 바라보게 만드는 가장 조용한 혁명이다.

일상 속 카이로스, 작지만 빛나는 실천

카이로스의 시간은 먼 곳에 있지 않다. 신호등 앞에서 숨을 깊게 쉬는 일. 커피 한잔 고요히 음미하기, 찻잔의 온기를 손끝으로 느끼며 창밖을 바라보는 시간 갖기. 책을 읽다 문장 하나에 걸음을 멈추는 순간. 이 모든 것이 '지금 여기'를 살아 내는 연습이다.

누군가의 눈빛 앞에서 말을 멈추고 마음으로 바라보는 일, 아무 이유 없이 하늘을 올려다보는 일. 마음이 반응하고, 감각이 깨어날 때, 시간은 양이 아니라 깊이로 흐른다. 카이로스는 우리가 멈추는 그 자리에 조용히 도착한다.

진짜 시간은 달력에 적히지 않는다. 의미 있는 순간은 언제나 의도된 멈춤에서 피어난다. 명상 중의 숨결, 해질녘의 고요, 말없이 마시는 차 한 잔. 그 조용한 틈새에 시간은 단순한 흐름을 넘어서, 살아 있는 자리가 된다.

오늘 하루, 어디쯤에서 당신의 영혼을 기다릴 수 있을까. 바쁘게 흘러가는 세상의 시계는 그대로 두고, 나만의 시간에 귀 기울여 보자. 시간이 흐르는 곳이 아니라, 내가 머무는 자리에 삶은 피어난다.

당신에게 던지는 코칭 질문

지금 당신의 영혼은 어떤 시간 위에 서 있나요?

그림 | 박창규 · ChatGPT

시간이 흐르는 곳이 아니라,

내가 머무는 자리에

삶은 피어난다.

속삭이는 절규

젊은 시절 만났던 뭉크의 절규

노르웨이 미술관에서 뭉크의 '절규'를 처음 마주했을 때, 나는 그 그림을 이해할 수 없었다. 비틀린 다리 위, 붉게 뒤틀린 하늘 아래에서 입을 벌리고 소리치는 인물. 그림 앞에서 나는 한참을 멈춰 서 있었다.

그러나 그 고통이 너무 과장되어 보였다. 왜 저토록 절망해야 하는지 알 수 없었다. 왜 저렇게까지 고통스러워야 하지? 무엇이 그를 그렇게 만들었을까.

그 시절의 나는 젊었다. 감정의 소용돌이를 피했고, 내 안의 불안을 직면할 지혜도 없었다. 그래서 절규는 그저 강렬한 인상으로만 남았다.

돌이켜보면, 그 시절 나는 늘 괜찮은 척하며 살았다. 무언가를 억누르고 있다는 사실조차 인식하지 못한 채, 표현하지 않고, 말하지 않고, 그냥 지나갔다. 내 안의 절규는 들리지 않는 소음처럼 자라나고 있었지만, 나는 그것을 알아차리지 못했다. 감정을 무시하고 억누르는 것이 어른스러움이라고 여겼다. 그렇게 감정을 묻어두는 데 익숙해져 있었다.

어느 순간부터 내 감정은 무색 무취의 것이 되어 버렸다. 조용했지만 그 안엔 무언가 깊게 파묻혀 있었다. 그런 나의 내면은 사실 끊임없이 외치고 있었는지도 모른다. 타인의 눈에는 보이지 않았지만, 내 마음은 미세한 경련을 반복하고 있었다. 나는 자신에게조차 솔직하지 못했고, 고통의 실체를 외면한 채 살아가고 있었다.

하지만 감정은 사라지지 않는다. 그것은 들키지 않은 채 더 깊은 곳으로 숨을 뿐이다. 언젠가는 그 침묵이 균열을 일으키고, 결국 나를 향해 터질 준비를 한다. 감정을 억누른다는 것은 폭풍을 병 속에 가두는 것과 같다. 감정은 억누를수록 더욱 깊고 조용하게 울린다.

상처를 지나 다시 마주한 절규

시간이 흐르고, 나는 나이가 들었다. 삶이 남긴 상처들을 하나둘 껴안게 되었다. 실패했던 선택들, 어긋난 관계들, 지나간 후회들. 그런 감정들을 안고, 얼마 전 한국에서 열린 뭉크 전시를 찾았다. 그리고 다시 절규를 마주했을 때, 이번엔 그림이 아니라 내 안의 소리가 먼저 반응했다.

그 인물이 이제는 나처럼 보였다. 입을 벌리고 있는 그 얼굴에, 내 얼굴이 겹쳐 보였다. 그림이 울고 있었다. 아니, 내 안이 울고 있었다. 그 고통의 형상이 너무도 익숙하게 다가왔다. 그림 속 인물은 더 이상 남이 아니었다. 그는 내가 지나온 길, 내가 덮어 두었던 기억, 내가 느꼈던 고통을 담고 있었다. 나는 그 앞에서 조용히 떨었고, 그 침묵이 깊은 울음을 자아냈다.

그것은 단지 미술 감상이 아니라, 나 자신과의 재회였다. 그림 앞에서 눈을 감았을 때, 나는 나의 깊은 내면과 마주했고, 그 속에서 오래된 감정의 조각들이 하나씩 일어났다. 절규는 과거의 나를 비추는 거울이자 감정의 기억이다.

절규와 함께 살아가는 법

뭉크는 말했다. "나는 영혼을 해부하려 했다." 나는 그 말을 오래 곱씹었다. 나는 내 영혼을 해부해 본 적이 없었다. 내가 왜 아픈지, 무엇이 나를 고통스럽게 하는지 들여다보지 않았다. 그러나 이제는 안다. 절규는 억눌러선 안 된다는 것을. 감정은 흐를 때 치유된다는 것을. 숨긴다고 사라지지 않고, 덮는다고 잊히지 않는다. 단지 더 깊은 어둠 속으로 파고들 뿐이다.

이제 나는 감정을 흐르게 둔다. 내뱉어라, 또 내뱉어라. 이 말은 내게 주문처럼 들렸다. 절규는 사라지지 않는다. 다만 흘러야 한다. 그렇게 흘러갈 때, 그것은 더 이상 폭발이 아닌 속삭임이 된다. 나는 감정과 함께 살아간다. 그것은 나의 일부이고, 내가 부정할 수 없는 존재다. 감정은 흘러야 치유되고, 절규는 함께 살아가는 법을 배운다.

이제 나는 절규하지 않는다. 하지만 절규가 사라진 것도 아니다. 그 고통은 여전히 내 안에 있다. 다만, 이제는 조용히, 속삭이며 흘러간다. 절규가 속삭임으로 변하는 순간, 나는 비로소 자유로워졌다. 폭발적인 외침이 아닌, 내면의 부드러운 속삭임으로 전환될 때, 감정은 파괴적인 힘이 아닌 창조적인 에너지가 된다. 슬픔과 분노도, 이해받는 순간 조용히 앉아 흐른다.

매일 아침, 나는 내 안의 속삭임에 귀 기울인다. "오늘은 어떤 감정이 흐르고 있니?" 그리고 그 감정에게 조용히 이름을 붙인다. 불안, 두려움, 외로움, 혹은 기쁨과 평온…… 그렇게 이름을 붙이는 순간, 그것은 더 이상 나를 위협하지 않는다. 소리는 작아도, 고통은 진짜이다. 고요한 마음으로, 내 감정의 이름을 불러 본다.

당신에게 던지는 코칭 질문

당신은 지금, 정말 괜찮나요?

에드바르 뭉크(Edvard Munch·1863~1944)의 '절규'

나는 이제 절규를 억누르지 않는다.
그것을 이해하고, 들어주며 함께 산다.
그 속에서 나는 조용한 평온을 배운다.

아직 도착하지 않은 나에게 보내는 초대

나를 멈춰 세우는 질문

우리는 매일 수많은 선택을 하며 살아간다. 무엇을 입을지, 어떤 길을 걸을지, 누구와 시간을 보낼지를 정한다. 하지만 그 선택들 대부분은 무의식 속에서 흘러간다. '왜?'라는 질문 없이, 익숙한 습관과 관성에 몸을 맡긴 채 산다. 질문하지 않는 삶은 방향 없는 삶이다. 움직이고는 있지만, 어디로 가는지 알지 못한다. 살아가고 있지만, 진정으로 깨어 있는 건 아니다.

그러나 질문은 단순한 호기심의 도구가 아니다. 질문은 나를 멈춰 세우고, 삶을 자각하게 만든다. 질문하는 순간, 우리는 비로소 자기 삶을 살아가기 시작한다. 질문은 어둠 속에서 별빛처럼 길을 밝혀 주는 작은 등불이다. 밤하늘의 별이 항해자에게 방향을 제시하듯, 질문은 우리 삶에 진정한 나침반이 되어 준다. 질문은 익숙함 속에서 나를 흔드는 첫 불빛이다.

나는 철학 교과서 속 보편적 질문보다, 나만의 물음을 오래 품어 왔다. "나의 '별 하나'는 지금 무엇이라 말할까." 어린 시절의 그 '별 하나'는 매 순간 나를 멈추게 했다. 삶이 방향을 잃을 때마다 다시 길을 잡게 해 주었다. 그 질문은 나에게 삶의 눈높이를 높여 주는 북극성이었다. 높이 본다는 건, 멀리 보고, 더 깊이 묻는다는 뜻이었다. 학창시절,

모두가 좋은 대학을 목표로 달릴 때, 나는 스스로에게 물었다. "나는 왜 군인의 길을 가려 하지?" 그 질문은 숲 속에서 길을 잃은 등산객에게 불현듯 들려오는 나침반 소리 같았다.

별빛이 어둠 속에서 존재를 드러내듯, 질문은 우리를 깨운다. "나는 누구인가?"라는 단순한 물음은 인류가 가장 오래도록 품어 온 질문이다. 그러나 많은 사람은 이 질문을 외면한다. 혼란스럽고 불편하기 때문이다. 하지만 그 불편을 피하지 않을 때, 우리는 깨어난다.

질문 없는 삶은 타인의 기대와 사회의 기준에 떠밀리는 삶이다. 반면, 질문하는 삶은 나를 주어로 세우는 삶이다. 삶의 주어가 '나'가 되는 순간, 우리는 비로소 스스로를 이해하고 선택할 수 있다. 존재는 질문 앞에서 비로소 깨어난다.

질문과 자유의 의미

질문은 구름 사이로 비치는 별처럼, 자유의 길을 밝혀 준다. 많은 이들이 자유롭게 살고 싶다고 말하지만, 진정한 자유는 원하는 대로 하는 것이 아니라, 왜 그렇게 선택하는지를 알고 선택하는 데 있다. 빅터 프랭클은 강제수용소 안에서 물었다. "나는 어떻게 이 고통 속에서 인간다움을 지킬 수 있을까?" 그는 태도를 선택함으로써 자유를 지켰다. 몸은 갇혀 있었지만, 정신은 자유롭게 날아올랐다. 상황은 바꿀 수 없었지만, 그 상황을 해석하는 태도는 선택할 수 있었다.

별이 우주의 경계를 알려 주듯, 질문은 사고의 경계를 허문다. "나는 원래 이런 사람이야." "세상은 원래 그런 거지." 이런 말들은 우리 삶에 보이지 않는 선을 긋는다. 질문은 그 선을 지운다. 제한된 우물 안에서 넓은 하늘을 바라보게 한다.

갈릴레오는 모두가 지구가 우주의 중심이라 믿던 시대에 물었다. '정말 그런가?' 한 개인의 작은 의문이 인류의 세계관을 뒤바꾸는 출발점이 되었다. 질문은 우리를 무의식의 속박에서 해방시킨다. 왜 사는가를 묻는 순간, 우리는 더 이상 남의 삶을 살지 않는다.

외면하는 질문이 삶을 지배한다

별의 움직임이 계절을 바꾸듯, 질문은 삶을 변화시킨다. 진정한 변화는 단순한 행동의 수정이 아니라 세계관의 전환이다. 그리고 그 전환은 언제나 질문에서 시작된다.

심리학자 칼 융은 자신의 어둠을 외면하지 않았다. 그는 물었다. "이 그림자는 내게 무엇을 말하려 하는가?" 그 질문은 동굴 깊은 어둠을 향해 등불을 비추는 일이었다. 그는 회피하지 않았기에, 더 깊은 자신을 만나고 성장할 수 있었다. 우리가 외면하는 질문이야말로 우리 삶을 지배한다.

그러나 별빛이 때로 구름에 가리듯, 질문의 여정은 항상 순탄하지 않다. 때로는 질문이 더 큰 혼란과 불안을 낳는다. 오래 믿어 온 가치관에 의문을 제기했을 때, 그 흔들림은 견디기 어려운 공허함으로 다가온다. 모든 질문에 답이 있는 것도 아니다. 하지만 그 한계를 받아들이는 것 또한 질문의 일부이다.

별을 따라가다 보면 안개 속에 길을 잃을 때도 있다. 그러나 그 과정이 결국 우리를 단단하게 만든다. 질문은 우리를 흔들지만, 불안은 종종 진실 앞에서 오는 몸의 떨림이다. 진짜 변화는, 세계를 다시 바라보게 하는 질문의 순간부터 시작된다.

나에게 질문은 단지 사유의 도구가 아니었다. 질문은 창조의 씨앗이었고, 삶을 이어 주는 동력이었으며, 내 삶의 눈높이를 바꾸어 준 은유였다. 밤하늘의 별자리가 이야기를 품고 있듯, 질문은 우리 삶의 이야기를 만들어 간다. 질문 없이는 새로운 장을 열 수 없다. 질문은 미지로 향하는 안내자이자 가능성의 문을 여는 열쇠이다. 그 '별 하나'는 지금도 조용히 떠 있다. 질문은 사라지지 않고, 나와 함께 걷는다.

질문이란, 아직 도착하지 않은 나에게 보내는 초대이다.

당신에게 던지는 코칭 질문 ?

지금 당신을 부르고 있는 질문은 무엇인가요?

그림 | 박창규 · ChatGPT

질문이란,

아직 도착하지 않은

나에게 보내는 초대이다.

한국 코칭의 진정한 도약을 염원한다

한국 코칭, 무엇으로부터 자유로워져야 할까

나는 어느 날 미술 이론 수업에서 '색으로부터의 자유' '형으로부터의 자유'라는 말을 들었다. 그 순간 내 마음이 움트는 것을 느꼈다. 그것은 단지 미술에 관한 말이 아니었다. 나는 그 개념을 삶으로, 코칭으로 데려왔다. 그리고 문득, 이런 생각이 들었다.

"한국 코칭은 지금, 무엇으로부터 자유로워져야 하는가?"

이 질문은 내가 걸어온 길과 한국 코칭의 여정을 되돌아보게 했다. 예술가가 캔버스 위에서 관습을 부수듯, 한국 코칭계도 기존의 틀을 넘어설 때가 왔다. 서구에서 수입된 기법과 이론을 넘어, 우리만의 코칭 철학을 창조할 때가 온 것이다. 자유는 무엇인가를 소유하는 것이 아니라, 무엇인가로부터 벗어나는 것이다.

우리는 서구의 기법과 이론을 배우고, 반복 훈련하며, 인증받는 데 힘을 쏟아 왔다. 그것은 반드시 필요한 시기였다. 그러나 이제는 그 토대 위에 우리만의 색과 형을 세워야 한다. 그 길 위에서만 새로운 한국적 코칭으로의 도약이 가능하다. 이제 한국 코칭이 진정한 도약을 이루려면, 먼저 우리를 제약하고 있는 것들로부터 해방되어야 한다.

미술에서의 해방: 마티스와 피카소의 혁명

앙리 마티스는 어느 날 붓을 내려놓고 가위를 들었다. 그는 더 이상 자연의 색을 모방하지 않았다. 나무는 빨갛고, 하늘은 노랗고, 얼굴은 초록빛으로 피어났다.

그것은 눈앞의 현실이 아니라, 마음속 깊은 곳에서 솟아난 감정이 불러낸 색이었다. 마티스에게 색은 단순한 시각 정보가 아니었다. 그것은 감정의 언어였고, 존재의 울림이었다. 그 순간, 그는 더 이상 색을 바라보는 눈에 머물지 않았다. 색으로 숨 쉬고, 색으로 살아가는 사람이 되었다. 이것이 야수파(포비즘)의 탄생이었다.

피카소는 형태의 굴레를 부수며 새로운 길을 열었다. 「아비뇽의 처녀들」에서 그는 전통적인 원근법과 비례를 완전히 무너뜨렸다. 그의 인물들은 정면과 측면이 동시에 드러났고, 몸은 기하학적 조각처럼 흩어졌다. 전통적 비례와 원근은 해체되었지만, 오히려 본질은 더욱 또렷해졌다. 그는 한 형식에 머물지 않고, 자신이 만든 틀마저 부수며 나아갔다. 형태의 해방은 단순한 파괴가 아니라, 본질을 붙잡기 위한 용기였다.

예술가들은 이렇게 관습을 파괴함으로써 새로운 창조의 가능성을 열었다. 마티스가 색으로부터 자유로워졌고, 피카소가 형으로부터 자유로워졌듯, 코칭 또한 기법의 색과 형을 넘어서는 순간이 필요하다. 질문과 스킬을 익히는 과정을 지나, 결국 코치는 존재 자체로 고객과 마주하는 단계에 이른다. 그곳에서 코칭은 기술이 아니라, 삶을 비추는 예술이 된다.

코칭에서의 해방: 기법을 넘어 존재로

코칭에도 색과 형이 있다. 정의, 철학, 핵심역량, 프로세스, 스킬…… 우리는 그것들을 익히고 훈련하며 성장해 왔다. ICF의 핵심역량, 여러 가지의 코칭 모델, 강력한 질문들…… 이 모든 것이 코칭의 '형태'이다. 하지만 언젠가는 이 기술들을 초월해야 한다. 마티스가 붓을 버리고 가위를 들었듯이, 피카소가 사실주의를 넘어 추상으로 갔듯이, 코치도 기법을 넘어 존재로 코칭해야 하는 순간이 온다.

존재로 코칭한다는 것은 질문을 준비하기보다 '자기'를 준비하는 것이다. 말이 아니라 '자기가 되는' 코칭이다. 가장 강력한 코칭은 코치가 자신의 모든 기법을 잊고, 온전한 존재로 코칭 고객과 만날 때 일어난다.

완벽한 질문이 아니라 진심 어린 호기심에서, 긴 설명이 아니라 깊은 침묵에서, 복잡한 분석이 아니라 직관적 통찰에서 진정한 코칭이 시작된다. 코칭에서 색과 형으로부터의 해방은 기법을 무시하는 것이 아니라, 기법을 자유자재로 활용하면서도 그것에 얽매이지 않는 것이다. 진정한 코칭은 기법의 완성이 아니라 존재의 온전함에서 나온다.

삶에서의 해방: 감정과 역할의 자유

우리는 얼마나 많은 '색'과 '형'에 갇혀 살고 있는가. "좋은 사람은 이래야 한다." "성공한 어른은 저래야 한다." "부모는, 자식은, 직장인은……" 이런 고정된 틀들이 우리의 색과 형이다. 우리는 사회가 정해 놓은 색깔로만 감정을 칠하고, 기대되는 형태로만 행동한다.

마티스가 나무를 빨갛게 그릴 자유를 얻었듯이, 우리도 우리만의 감정의 색깔을 찾을 수 있다. 감정의 해방은 감정을 무분별하게 표출하는 것이 아니라, 감정을 더 섬세하고 진정성 있게 표현하는 것이다.

피카소가 얼굴을 해체하고 재구성했듯이, 우리도 기존의 역할과 정체성을 넘어 새로운 자아를 창조할 수 있다. 부모와 자식, 남편과 아내, 상사와 부하…… 각각의 관계에는 정해진 '색깔'과 '형태'가 있다고 여긴다. 하지만 진짜 깊은 만남은 이런 틀을 넘어설 때 일어난다. 때로는 부모가 자식에게 배우고, 제자가 스승을 가르치고, 약한 자가 강한 자를 위로한다. 관계의 고정된 형태를 벗어날 때, 우리는 더 진정성 있는 소통을 경험한다.

삶의 해방은 사회적 틀을 거부하는 것이 아니라 그것을 창조적으로 재해석하는 것이다.

관점 전환의 해방: 건너뜀의 미학

'건너뜀'은 동양 미학의 핵심 개념이다. 필요 없는 것을 생략하고 본질만을 남기는 것. 장자는 이를 "무위자연(無爲自然)"이라 했다. 억지로 하지 않음으로써 모든 것을 이루는 것. 마티스가 붓질을 멈추고 가위질로 넘어간 것이 바로 이런 무위의 경지였다.

선불교에서 말하는 '돈오점수'는 순간의 깨달음(돈오) 이후에도 끊임없는 수련과 실천(점수)을 통해 완성에 이르는 길이며, 이는 피카소가 본질을 꿰뚫은 뒤에도 계속해서 형식과 표현을 실험하며 자신을 확장해 간 여정과 닮아 있다.

여기에 한국적 정서의 울림이 더해지면 코칭은 더욱 단단해진다. 우리의 '한(恨)'은 초월을 향한 그리움이고, '멋'은 절제된 아름다움이며, '흥(興)'은 규칙을 넘어서는 창조력이다.

건너뜀은 게으름이 아니라 용기이다. 불필요한 것들을 과감히 생략하고 본질로 직진하는 용기. 마티스가 물감을 버리고 가위를 든 것처럼, 피카소가 입체를 지나 선으로 돌아간 것처럼, 삶과 코칭과 예술은 모두 어느 시점에서 '건너감'을 요구한다. 진짜 자유는 기술과 개념의 통합이 아니라, 그것을 잊을 수 있을 때 찾아온다. 동서양 지혜의 만남에서 진정한 해방의 길이 열린다.

한국 코칭의 위대한 여행이 시작된다

마티스는 84세까지 가위질을 했고, 피카소는 91세까지 그림을 그렸다. 그들의 마지막 작품들은 더욱 자유롭고 순수했다. 한국 코칭도 이제 그런 경지에 이를 때가 왔다. 시간이 갈수록 더 자유로워지고, 더 본질에 가까워지고, 더 우리다워져야 한다.

나는 한국인 최초의 마스터 코치로서, 한국 코칭계에 이런 메시지를 남기고 싶다. 우리는 더 이상 서구 코칭의 아류가 아니다. 우리에게는 무위자연의 지혜가 있고, 돈오점수의 깊이가 있고, 한국인만이 가진 독특한 정서가 있다.

'색과 형으로부터의 해방'은 단지 예술 이론이 아니다. 그것은 한국 코칭이 나아가야 할 방향이며, 내가 후대에 전하고 싶은 코칭 철학이다. 한국 코칭의 독창성은 서구 이론의 완벽한 습득에서 나오는 것이 아니라, 그것을 우리 것으로 소화하고 넘어서는 데서 나온다.

마티스가 색으로부터, 피카소가 형으로부터 자유로워졌듯, 한국 코칭도 이제 기법에서 존재로 건너가야 한다. 동양의 철학과 한국의 정서를 품은 코칭, 그것이야말로 우리가 나아갈 길이다. 그 길 위에서 코칭은 존재의 울림으로 삶을 비추는 예술이 될 것이다.

당신에게 던지는 코칭 질문

지금 당신의 코칭은 '기술'인가요, '존재'인가요?

그림 | 박창규 · ChatGPT

기법은 다리를 놓아 주지만,
건너는 것은 결국 존재이다.
그 다리를 건너는 순간,
코칭은 기술이 아니라
삶의 예술이 된다.

내가 진심으로 남기고 싶은 유산

두 번의 인생, 하나의 마음

돌아보면, 나는 두 번의 인생을 살았다. 하나는 군복을 입고 나라를 지킨 시간이었고, 다른 하나는 그 옷을 벗고 삶을 새로 배우며 살아 낸 시간이었다. 6·25 전쟁의 상흔이 채 아물기 전인 1960년에 입대해 전쟁의 후유증에서 앞이 보이지 않던 오르막을 오를 때, 숨이 가빠올수록 내 안에 있는 작고 단단한 꿈 하나가 나를 앞으로 이끌었다.

그 꿈을 붙잡고 30년을 군에서 보냈고, 전역 이후의 30년은 리더십과 코칭이라는 전혀 다른 세계로 나아갔다. 익숙함을 내려놓고 낯선 질서에 나를 던지는 일은 두려웠지만, 그 두려움 속에서도 나는 삶의 문장을 고쳐 쓰기를 멈추지 않았다. 지나온 시간은 숫자로 남지만, 내가 진심으로 남기고 싶은 것은 기록이 아니라 태도이다. 내가 어떤 방식으로 살아왔는지, 어떤 질문을 품고 버텼는지, 어떤 마음으로 사람을 대했는지가 나의 유산이다.

책임, 헌신, 배움 – 삶을 지탱한 세 축

군에서도 사회에서도 나는 언제나 세 가지 가치를 붙잡고 살아왔다. 책임, 헌신, 배움. 책임은 맡은 바를 끝까지 감당하는 태도였고, 헌신은 내가 옳다고 믿는 일에 시간과 마음을 기꺼이 내어놓는 용기였다. 배움은 죽는 날까지 멈추지 않아야 하는, 생의 깊은 운동이었다.

이 세 가지는 흔들리는 순간마다 나를 붙들어 주는 나침반이었고, 그 나침반 덕분에 나는 내가 누구인지 잊지 않을 수 있었다. 삶은 언제나 뜻하지 않은 방향으로 흐른다. 그 속에서 자신을 잃지 않으려면 중심이 필요하다.

조용하지만 흔들리지 않는 축, 말보다 삶으로 보여 주는 무게, 그것이 내가 남기고 싶은 첫 번째 유산이다. 가치는 말로 전해지는 것이 아니라 삶으로 스며드는 것이기 때문이다.

젊은 시절엔 성공이 목표였다면, 이제는 의미가 더 중요하다. 내가 흔들릴 때마다 나를 잡아 준 그 중심이, 누군가에게도 든든한 기준점이 되기를 바란다. 세상이 빠르게 변해도 변하지 않는 것들에 대한 믿음, 그것이 진정한 힘이라고 나는 믿는다.

도전 – 두려움 안으로 걸어 들어간 여정

도전의 이름으로 나는 늘 변화 속에서 헤매었고 때론 그 속으로 걸어 들어갔다. 군인이자 가장이었던 1960~1970년대 시절엔 경제적으로 어려웠던 때를 극복해 나가느라 힘들 때도 있었다. 또한 군인의 특성상 보직이 바뀔 때마다 이사를 해야 했고 아이들은 그때마다 전학을 해야 했다.

큰 아이는 초등학교 시절에만 다섯 번이나 학교를 옮기곤 했다. 친구와 마음이 통할 즈음이면 늘 이별이 기다리고 있었다. 그런 아이들을 바라보며 그때의 미안함을 오래도록 마음에 담고 살았다. 그래서 그만큼 그 시기를 극복하게 해 준 가족이 고맙다.

군에서 전역 이후에도 도전은 계속됐다. 새로운 삶의 도전으로 세계적인 리더십과 코칭을 배우기 위해 기회가 닿을 때마다 미국으로 건너갔고, 그 철학과 내용을 한국 사회와 조직에 전하고자 애썼다. 그 시절엔 '코칭'이라는 말조차 생소했지만, 나는 그 낯선 개념을 현실로 가져오기 위해 스스로 길을 열었다.

사람과 조직의 변화를 눈앞에서 마주하며, 나는 단순한 전달자가 아니라 나 자신을 다시 길러 내는 사람이 되어야만 했다. 그러면서 나는 깨달았다. 진짜 싸움은 세상이 아니라 내 안에서 벌어진다는 것을. 도전은 바깥에서 오는 것이 아니라, 내 안의 두려움을 향해 걸어 들어가는 일이라는 것을. 그리고 그 두려움을 넘어선 걸음 하나하나가 지금의 나를 만들었다. 두려움 앞에서 멈추지 않는 도전, 그것이 내가 남기고 싶은 두 번째 유산이다.

배움 – 함께 숨 쉬는 성장

군을 떠난 뒤, 나는 거침없이 다시 학생이 되었다. 이번엔 자격증이나 성과를 위한 공부가 아니었다. 군을 떠난 뒤 제2, 제3의 나다운 삶을 개척하기 위해서였다. 군생활을 떠난 사회적 삶을 더 깊이 이해하고 싶어서였다. 국제적 최신 흐름의 리더십과 코칭을 배우며 지식뿐 아니라 사고의 깊이와 마음의 결을 바꾸어 나갔다.

코칭은 나의 언어를 바꾸었고, 사람을 전체로 보는 시선을 길러 주었다. 그 후 나는 한국 사회의 수많은 리더들을 만나 강의하고 코칭했다. 국민대, 카이스트, 조선대 등 여러 대학에서도 15년 넘게 초빙교수로 활동하면서 젊은 학생들과 교류를 이어 갔다. 내가 그들에게서 새롭게 배우며 젊어져 간 그 시절은 참으로 보람찬 삶의 모습이었다.

그러나 시간이 흐를수록 더 분명히 알게 된 사실이 있다. 진짜 배움은 강의실이 아니라 관계 속에서 일어난다는 것이다. 내가 가르친다고 생각했던 순간, 오히려 더 많이 듣고 배웠다. 어느 대학 교수들 워크숍이 끝난 뒤 어느 분은 이렇게 말했다. “코칭을 배우고 나니, 학생이 성장의 동반자로 보입니다.”

또 다른 교수는 내 강의를 듣고 이렇게 말했다. “듣는다는 건, 결국 나를 잠시 내려놓는 연습 아닐까요?” 그 말들은 내 강의의 방향을 바꾸었고, 나를 바꾸었다. 서로 다른 생각들이 부딪히고 이어지며 나를 흔들었고, 그 흔들림이 내 사고의 폭을 넓혀 주었다. 나는 지금도 삶을 배우고 있다. 최근까지 나는 글쓰기 공부를 했고 수필가로 등단도 했다. 지식도, 침묵도, 관계도, 나 자신도. 배움은 삶을 숨 쉬게 하는 도전이다. 그 도전을 다음 세대로 전하고 싶다. 함께 숨 쉬는 성장, 그것이 내가 남기고 싶은 세 번째 유산이다.

화해와 용서 – 나를 자유롭게 한 선택

살아오며 많은 사람을 만났다. 가까워진 이들도, 스쳐간 인연도 많았다. 그러나 모든 관계가 평온했던 것은 아니었다. 말 한마디로 상처를 주었고, 무심함으로 멀어진 사이도 있었다. 가장 아팠던 건, 가까운 사람에게도 그 미안함을 제때 전하지 못했던 순간들이었다.

나는 그 감정을 단순한 후회로 남기고 싶지 않았다. 그래서 어느 날, 용기를 내어 한 사람에게 전화를 걸었다. 조심스럽게, 그러나 솔직하게 내 마음을 전했다. 그는 웃으며 내 말을 들어 주었고, 우리는 몇 년 만에 진심 어린 대화를 나누기도 했다.

그날 이후 나는 용서와 화해는 남을 위한 행위가 아니라, 나 자신을 자유롭게 하는 선택이라는 것을 배웠다. 과거의 얽힌 감정을 지우는 일이 아니라, 그 매듭을 풀어내는 길이었다. 진심을 건넸을 때 관계는 회복되었고, 그 과정에서 내가 오히려 나다워질 수 있었다.

화해는 때로 상대의 변화를 기다리는 것이 아니라, 내 마음의 문을 먼저 여는 일이었다. 그 문을 열었을 때 비로소 진정한 자유를 맛볼 수 있었다. 용서는 약함이 아니라 용기였고, 화해는 굴복이 아니라 성숙함이었다. 화해와 용서, 그것이 내가 남기고 싶은 네 번째 유산이다.

내가 진심으로 남기고 싶은 것

이제 나도 할 말이 생겨났다. 내가 남기고 싶은 것은 눈에 보이는 어떤 성취가 아니라는 것을. 흔들림 속에서도 중심을 지키려 했던 삶의 자세, 두려움 앞에서 도전을 멈추지 않았던 용기, 관계 안에서 함께 배우고 성장했던 경험들, 그리고 진심을 건네는 일의 용기를 나는 유산으로 남기고 싶다.

내가 살아온 방식이 누군가의 마음에 잔잔한 울림으로 남기를 바란다. 누군가가 삶에 지쳐 주저앉고 싶을 때, 이 글이 작은 나침반이 되기를 바란다. 모든 생명은 저마다의 등불을 품고 있다. 우리는 각자의 자리에서 그 등불을 밝히면 좋겠다.

내 삶의 방식이 누군가의 내면에서 그의 지혜와 만나, 그 사람이 자기답게 걸어가는 조용한 불씨가 되기를 나는 진심으로 바란다. 내가 남기고 싶은 유산은 이렇게 내가 '살아온 방식'이다. 그 방식에 따라 오늘도 책을 읽고, 사람들을 만나며, 여전히 배우고 있다. 죽는 날까지 나는 이 등불을 꺼뜨리지 않을 것이다.

당신에게 던지는 코칭 질문

당신의 유산은 한 문장으로 무엇인가요?

내가 남기고 싶은 유산은
내가 '살아온 방식'이다.

당신에게 던지는 코칭 질문

가야 할 여정과 있어야 할 자리를 묻는 질문들

★ 지금 이 순간의 나를 나는 얼마나 깊이 만나 주고 있나요?

★ 지금 당신 안의 '0'은, 무엇을 새로 시작하라고 조용히 부르고 있나요?

★ 지금 당신의 삶의 운전대는 정말 당신 손에 있나요, 아니면 모르는 사이 다른 손에 넘어가 자기도 모르게 흔들리고 있나요?

★ 당신은 지금, 누구와 함께 고독을 건너고 있나요?

★ 당신은 지금, 무엇에 NO를 말하고 무엇에 YES를 선택하고 있나요?

★ 지금 당신의 영혼은 어떤 시간 위에 서 있나요?

★ 당신은 지금, 정말 괜찮나요?

★ 지금 당신을 부르고 있는 질문은 무엇인가요?

★ 지금 당신의 코칭은 '기술'인가요, '존재'인가요?

★ 당신의 유산은 한 문장으로 무엇인가요?

나를 찾아 헤맨 시간들

삶의 끝에 서서 돌아보니, 내 삶을 이끌어 온 질문은 언제나 하나였다.

"나는 어떤 사람이 되고 싶은가?"

어린 시절, 별이 총총한 밤하늘을 올려다보며 묻던 그 질문.

청년 시절, 길을 잃고 방황할 때도 스스로에게 되물었던 그 질문.

질문은 늘 같았고, 답을 찾아가는 여정만 달랐다.

나는 늘 나를 알고 싶었다.

그리고 이제, 그 답을 찾았다.

나는 나였다. 그리고 그것으로 충분했다.

나답게 산다는 것

젊은 날, 나답게 산다는 건 쉽지 않았다.

사람들의 기대에 나를 끼워 맞추려 했고, 세상이 말하는 성공을 좇아 애썼다.

타인의 시선에 휘둘리며, 나 아닌 누군가의 삶을 흉내 내다 길을 잃기도 했다.

그러다 어느 날, 반복된 실패와 지나간 시간이 조용히 내게 가르쳐 주었다.
진정한 나다움은 외부의 기준이 아니라 내 안의 목소리에 귀 기울이는 일이라는 것.

그 깨달음은 나를 자유롭게 했다.
남이 정한 인생이 아니라, 내가 선택한 길을 걷기로 했다.
그 순간부터 삶은 더 가벼워졌고, 나는 더 단단해졌다.

실패와 후회의 그림자

돌아보면 내 삶은 찬란하지도, 완벽하지도 않았다.
나는 흔들렸고, 넘어졌고, 때로는 외로움 속에 멈춰서기도 했다.
무엇보다도 지금도 아프게 떠오르는 건, 살아오며 겪은 크고 작은 실패들이다.

성숙하지 못했던 젊은 장교 시절, 동료에게 더 겸손하지 못했던 점.
무엇보다도 부하 전우들에게 따뜻한 말 한마디, 진심 어린 관심 하나 더 건네지 못한 것이 가장 아쉽고 미안하다.
그때 내가 조금만 더 마음을 열었다면, 조금만 더 지혜로웠다면 좋았을 것이다.

하지만 이제는 안다.
그 모든 후회와 실수마저도 내 삶의 일부였다는 것을.
완벽하진 않았지만, 나는 진실되게 살려고 했다.

삶은 정답이 아니라, 진정성을 향한 꾸준한 노력임을 나이를 먹으며 비로소 깨달았다.

나를 지켜 준 사람들

혼자서는 이 길을 걸어올 수 없었다.
내 삶이 여기까지 올 수 있었던 것은 결코 나 혼자만의 힘이 아니었다.

거친 시대의 바람 속에서도 묵묵히 가정을 지켜 준 아내에게 깊이 감사한다.
군인인 아버지를 따라 전국을 옮겨 다니며 낯선 환경 속에서도 잘 자라 준 두 아이에게 고마움을 전한다.
그러한 가족이 있었기에 나는 버틸 수 있었고, 살아갈 이유를 가질 수 있었다.

그리고 제2의 인생에서 방황하던 시절, 내 여정을 함께 걸어 준 수많은 코치 여러분들께도 진심으로 감사드린다.
그 따뜻한 동행이 없었다면, 나는 지금의 나를 만나지 못했을 것이다.

충분하다는 감각

살면서 '충분하다'는 감각은 좀처럼 찾아오지 않았다.
나는 더 많이 가지려 했고, 더 멀리 가려 했다.
쉼 없이 나를 재촉하며, 완벽에 가까워지려 애썼다.

늘 완벽을 추구했지만, 정작 안경은 하루에도 몇 번씩 찾지 못했다.

그 허술한 모습조차 결국은 나의 일부였음을 이제는 웃으며 인정할 수 있다.

하지만 이제는 안다.
나는 내가 가진 그대로 온전했다는 것을.
완벽한 길은 없었지만, 나만의 길을 꾸준히 걸어왔다는 것을.
넘어지면서도 다시 일어섰고, 흔들리면서도 중심을 잃지 않으려 했다.
그리고 마침내, 나는 나 자신을 있는 그대로 받아들였다.

남긴 것과 남을 것

나는 세상에 커다란 족적을 남기진 않았다.
그러나 나답게 살고자 했던 흔적은 분명히 남았다.

그 흔적이 누군가에게 작은 위로가 되었기를,
내가 걸어간 길이 또 다른 누군가의 용기의 시작이 되었기를 소망한다.
살면서 나는 따뜻한 말을 건네받았고, 그들에게도 보냈다.
그렇게 주고받은 마음들이 내 삶을 더 깊고 따뜻하게 만들었다.

그 끝에서, 나는 마침내 진짜 나를 만나고 있다.
그것만으로도 내 인생은 충분히 풍요로웠다.

삶의 끝에서 얻은 통찰

이제 나는 문득 깨닫는다.
내가 걸어온 길은 결국 나에게로 돌아오는 여정이었다는 것을.

처음엔 늘 '어떤 사람이 되고 싶은가'를 고민했다.
그러나 나이 들수록 다른 질문이 자꾸 떠오른다.
"나는 어떻게 살았는가."

나는 내가 원하는 삶을 살았다.
갈망하던 길을 내 두 발로 걸었다.
그 길이 다른 사람에게도 해당되는 것은 아니다.
중요한 것은, 그 길을 내 방식대로, 진심으로 살아 냈다는 사실이다.

나는 웃었고, 울었고, 사랑했고, 실패했고, 후회도 했다.
그러나 그 모든 순간에도 나는 나 자신이었다.
그것으로 내 삶은 의미가 있었다.

나는 나였다. 그리고 충분했다.
마지막 순간, 내가 걸어온 길은 시작과 끝이 하나로 이어져,
하나의 원이 되어 나를 감싸안을 것이다.

돌이켜 보면, 나는 다른 사람을 흉내 내려 했고 그래서 더욱 흔들렸다.
그러나 그 안에는 어릴 적, '별 하나 나 하나'를 바라보던 진심이 있었다.
나는 그 진심을 지키기 위해 최선을 다했다.
그 길 끝에서 나는, 나다운 나를 마주하고 있다.

조용히 미소 지으며 이렇게 말한다.
"나는 나였다. 그리고 그것이면 충분했다."

그리고 이 글을 덮는 당신께도 조용히 건네고 싶다.

"내 삶이 그랬듯, 당신의 길도 충분히 아름답다."

감사의 말

이 글은 나 혼자 쓴 것이 아니다.
지나온 모든 길 위에서 나를 지켜봐 준 시간들,
함께 걸어 준 사람들,
말없이 등을 떠밀어 준 순간들이
이 이야기의 진짜 저자들이다.

먼저, 삶이라는 광야에서 나의 동반자가 되어 준 가족들에게 고마움을 전한다.
묵묵히 기다려 준 아내. 믿음직한 시선으로 나를 지지해 준 두 아이들.
그리고 언젠가 이 이야기를 호기심 있게 들여다보게 될 손주들에게도
이 글이 작은 불빛이 되어 전해지기를 바란다.

오랜 세월을 함께해 온 동료들과 친구들.
말 한마디, 눈빛 하나로 나를 일으켜 세워 준 당신들이 있었기에
나는 다시 길을 걸을 수 있었다.
그 따뜻함은 내 삶의 쉼표이자, 잊을 수 없는 물줄기였다.

또한 코칭이라는 인연으로 만난 모든 분들께 깊은 감사를 드린다.
나눴던 질문과 침묵, 성장의 시간들은

이 자서전의 또 다른 장이 되었다.
그 시간들은 나를 발견하게 해 준 거울이자,
서로를 비추는 별빛이었다.

이 글을 미리 살펴 주며 다정한 시선과 따뜻한 조언으로 함께해 준
권경숙 코치에게도 깊은 감사를 드린다.

그리고 마지막으로, 지금 이 글을 읽고 있는 당신에게 고맙다.
당신이 있어 이 이야기는 머무를 자리를 얻었고,
이 여정은 비로소 완성되었다.

삶의 어느 지점에서
당신은 이 책을 펼쳤다.
당신의 길 위에,
당신의 속도로,
당신의 방식으로.

부디 그 길이
당신다운 걸음으로 이어지기를.
따뜻한 동행과 함께이기를.
그리고 별 하나 마음에 품고 걷는 여정이 되기를.

당신의 여정도 이미 빛나고 있다.
부디 그 길 위에서 늘 당신다운 발걸음을 이어 가시기를 바란다.

고맙습니다.

진심으로.

저자 박창규 드림

저자 소개

박창규

육군과 공군에서 방공포병사령관을 역임하며 다양한 규모의 조직을 이끌었던 예비역 소장이다. 전역 후 리더십의 본질을 탐구하기 위해 미국을 오가며 사람의 잠재력을 깨우는 '코칭'에 입문했고, 끊임없는 연마 끝에 한국인 최초로 국제코칭연맹(ICF) 인증 마스터코치(MCC)가 되어 대한민국 코칭 문화의 토대를 닦고 확산시키는 데 힘써 왔다.

삼성, 현대, LG 등 주요 대기업과 육·해·공군 사관학교, 경찰대학 및 주요 군부대에서 리더십과 코칭을 전파했으며, '임파워링 코칭' 'NLPia 코칭' 등 독창적인 프로그램을 개발해 현장에 깊이 있는 통찰을 제공했다. 또한 카이스트, 국민대학교, 조선대학교 대학원 겸임교수로 재직하며 후학을 양성했다. 주요 저서로는 『임파워링하라: 상대의 잠재 능력을 깨우는 리더십 코칭 바이블』(넌 참 예뻐, 2015), 『마스터풀 코치가 갖추어야 할 코칭 핵심 역량』(공저, 학지사, 2022) 등이 있다.

팔십을 넘어 '한국국보문인협회' 수필가로 등단한 그는, 명령하던 지휘관에서 질문을 던지는 코치로, 다시 삶을 성찰하는 수필가로 살아가며 깊이 있는 '셀프 코칭'의 여정을 이어 가고 있다.

목표가 있는 한 은퇴는 없다

평생 현역으로 살아가는 법

Goals never retire

2026년 2월 20일 1판 1쇄 인쇄
2026년 2월 25일 1판 1쇄 발행

지은이 • 박창규
펴낸이 • 김진환
펴낸곳 • (주) 학지사
04031 서울특별시 마포구 양화로 15길 20 마인드월드빌딩
대표전화 • 02)330-5114 팩스 • 02)324-2345
등록번호 • 제313-2006-000265호

홈페이지 • http://www.hakjisa.co.kr
인스타그램 • https://www.instagram.com/hakjisabook

ISBN 978-89-997-3659-9 03180

정가 18,000원

저자와의 협약으로 인지는 생략합니다.
파본은 구입처에서 교환해 드립니다.